Les neuf marches

Histoire de naître et de renaître

Illustration de couverture : Édith Casadei ©

24580 PLAZAC

Première édition : ISBN : 2-904616-57-8 © AMRITA
Nouvelle édition : ISBN : 2-9514674-0-0 © Édition S.O.I.S.

Daniel Meurois
&
Anne Givaudan

Les neuf marches

Histoire de naître et de renaître

Éditions S.O.I.S.

D'Anne Givaudan

- Implants & parasitages*
- Voyager entre les mondes*
- La magicienne et la petite fille*
- Des amours singulières*
- Sons esséniens (cd inclus)*
- Petit manuel pour un grand passage*
- Pratiques esséniennes pour une nouvelle terre*
- Rencontre avec les êtres de la nature*
- L'insoupçonnable destin de Gina Sutton*
- Nos mémoires : des prisons ou des ailes*
- La rupture de contrat*
- Formes-pensées (tome 1 et 2)*
- Les dossiers sur le gouvernement mondial*
- Lecture d'auras et soins esséniens*
- Alliance*
- Walk-in*
- CD de méditations guidées* (voir la liste à la fin du livre)

D'Anne Givaudan et Daniel Meurois

- Terre d'émeraude* – *Témoignage d'outre-corps*
- Par l'Esprit du soleil*
- Chronique d'un départ* – *Afin de guider ceux qui nous quittent*
- Celui qui vient*
- Sois* – *Pratiques pour être et agir*
- Les neuf marches*
- Récits d'un voyageur de l'astral**
- De mémoire d'Essénien (tome 1)** – *L'autre visage de Jésus*
- Chemins de ce temps-là (tome 2)** – *De mémoire d'Essénien*
- Le peuple animal**
- Le voyage à Shambhalla*** – *Un pèlerinage vers Soi*
- Wesak*** – *L'heure de la réconciliation*

* Éditions S.O.I.S. — ** Éditions Le Passe-Monde — *** Éditions Le Perséa

Éditions S.O.I.S. – 24580 PLAZAC
Tél : 05 53 51 19 50 – editions@sois.fr - www.sois.fr

Sommaire

« À notre mère la Terre qui a si souvent
porté et nourri les enfants
que nous sommes. »

Quelques propos post-conception… et d'avant lecture…

On a évidemment souvent parlé de la Naissance et du mystère de l'incarnation. Sans doute a-t-on, d'ailleurs, écrit une infinité de volumes sur le sujet. Notre but, en prenant ici la plume, n'était certes pas d'en ajouter un de plus afin d'apporter notre propre quote-part à une somme déjà impressionnante d'informations tant psychologiques, religieuses que biologiques.

Ce livre résulte tout simplement d'une expérience dont le moins que l'on puisse dire est qu'elle mérite l'épithète d'étrange… Une expérience que nous n'avons pas recherchée mais qui s'est offerte à nous spontanément et que nous nous sommes scrupuleusement attachés à relater au jour le jour.

Jusqu'à présent, notre faculté naturelle à provoquer la décorporation nous a amenés à investiguer les « mondes de l'après-vie » ainsi que d'autres univers plus subtils encore.

Cependant, jamais les circonstances ne nous avaient permis d'entreprendre pleinement le voyage « inverse », c'est-à-dire celui qui mène des mondes de lumière vers la Terre.

Expliquons-nous. En termes clairs, nous avons été sollicités afin de suivre, pas à pas, l'itinéraire d'un être en train de s'incarner. Que se passe-t-il au juste pour une âme qui s'apprête à prendre un corps de chair et qui fait donc sien le ventre d'une mère ? Par quelles phases d'évolution passe-t-elle ? Comment son psychisme se modifie-t-il ? Que se passe-t-il aussi au niveau de son fœtus et que les yeux physiques ne perçoivent pas ?

Autant de questions que les neuf mois nécessaires à la rédaction de ce livre permettent, entre autres, d'aborder.

Disons-le d'emblée, nous n'avons pas choisi l'âme qui s'incarne et qui demeure bien évidemment au centre de ce travail. Celle-ci s'est présentée à nous, en quelque sorte « mandatée » par une Volonté lumineuse. Peut-être d'ailleurs ne la rencontrerons-nous jamais physiquement.

Il ne s'agit pas d'un être exceptionnel destiné à marquer son temps. Le jeu aurait été faussé. Il ne s'agit pas non plus d'une âme encore engluée dans tous les pièges de la matérialité. Selon ses propres termes, elle est seulement une goutte parmi des milliers et des milliers d'autres qui ont compris que « la véritable force et le germe de toute vérité résident dans le cœur ». Son but est de Servir.

Les informations qu'elle nous a fournies pendant toute la grossesse de sa mère, sa propre métamorphose et celle de l'embryon puis du fœtus qu'elle a appris à habiter ne constituent donc pas les enseignements d'un Maître de Sagesse. Leur valeur est tout autre. Nous la qualifierions d'« humaine » au sens noble et enrichissant du terme. C'est à ce titre qu'elle nous a touchés en tant que témoins et parfois aussi un peu acteurs de son aventure.

Car il s'agit bien d'une aventure que de naître ou de renaître en conscience à la Terre.

S'il aborde bien évidemment un certain nombre de sujets métaphysiques dont celui de la réincarnation, ce livre, on l'aura sans doute déjà deviné, n'est ni un traité d'ésotérisme ni un récit répondant à une mode « nouvel âge ».

Il ne veut être qu'un reportage, dénué d'artifices, mais tout vibrant d'une certaine lumière qui mène au respect de la Vie et à la conscience de la chance que celle-ci représente. C'est cette lumière que nous avons tenté de recueillir puis de refléter aussi fidèlement que possible.

Si les pages qui suivent parviennent à faire éclore un peu plus d'amour, de tendresse et de joie à la surface de ce monde, alors elles auront chanté juste.

Prologue

Nous avons immédiatement plongé dans l'immensité de ses yeux... Impossible de faire autrement d'ailleurs devant ce regard à demi ébahi où paraissent se mêler avec bonheur, joie et nostalgie. Ce regard couleur amande, c'est celui d'une femme toute jeune, toute brune, toute hésitante comme un funambule qui hasarde le premier pas au-dessus du vide.

« On m'a parlé de vous... » a-t-elle d'abord susurré. Puis prenant bientôt plus d'assurance... « C'est drôle, je n'aurais jamais imaginé que cela se passerait comme ça... Lorsqu'ils m'ont dit "Tu vas retourner sur Terre, alors ce serait bien que tu travailles avec un couple pendant les neuf mois de ta gestation", j'ai cru que c'était une plaisanterie. Mais non, pas du tout, ils étaient sérieux... et maintenant, je vous vois, vous êtes là... »

Elle s'est arrêtée sur ces mots et un silence est venu s'installer entre nous, léger, comme une autre forme de communication où l'on se dit plus.

Maintenant, seulement, nous voyons bien ce qui se passe et où nous sommes. Depuis que notre conscience a quitté notre corps*, il y a à peine quelques instants, tout est allé si vite ! Le tunnel de lumière une fois franchi tel un sas au-delà et en dedans de nous, nous nous sommes retrouvés là dans cette grande pièce toute blanche et qui a comme un air de printemps. Ses murs, sa lumière nous donnent la sensation d'être dans une bulle ou dans « quelque chose » suspendu entre deux mondes. Pourtant, tout y est parfaitement concret et les quelques pas que nous y esquissons pour en pénétrer davantage la quiétude résonnent sur ses dalles. À vrai dire, nous cherchons nos mots et la jeune femme aussi.

« Eh bien oui, fait l'un de nous... tu vois, il n'y avait rien de plus sérieux ! »

Une nouvelle fois, nos regards se croisent, mais c'est pour ne plus se lâcher, étranges comme un sourire spontané et incontrôlable dont on ne peut se défaire. Quelque chose s'est passé au fond de chacun... une sorte de déclic magique au bout duquel, soudainement, on se sent bien ensemble sans savoir au juste pourquoi. Alors nous nous retrouvons tous trois à rire, semblables à de vieux complices qui viennent de se lancer une plaisanterie compréhensible par eux seuls...

Voilà, nous savons que le pont est jeté et que le travail va pouvoir s'accomplir. En quoi consiste-t-il ce travail ? Avouons-le, en quelque chose d'un peu fou... a priori du moins. Il s'agit de suivre cette jeune femme, ou plutôt cette âme pas à pas, mois après mois, de communier avec elle pendant les neuf mois où sa future mère, quelque part sur

---

* Voir les principes de la « décorporation » : « Récits d'un voyageur de l'astral » (Éditions Le Passe-Monde) et « Terre d'Émeraude » (Éditions SOIS), des mêmes auteurs.

Terre, va lui préparer un corps. Il s'agit de suivre son être, comme un fil directeur, pendant tout le processus de son incarnation. Est-ce bien un travail d'ailleurs ? C'est davantage une collaboration, un partage, dont nous voudrions déjà qu'ils soient une source d'amour, une source de juste inspiration pour ceux qui s'apprêtent à donner la Vie.

Partage est bien le terme qui convient. Nul doute qu'elle l'ait entendu en nous cette femme qui vient de faire quelques pas dans notre direction et que nous accueillons entre nos bras.

« D'accord, dit-elle… c'est évidemment évident ! Nous ferons cela ensemble si vous le voulez toujours. Rien que par plaisir… rien que pour dire un peu plus ce qu'est la Vie ! »

Comment pourrions-nous hésiter une seconde ? Devant notre acquiescement enthousiaste, elle nous attire maintenant quelque part vers un autre bout de la pièce qui semble désormais s'allonger presqu'à l'infini, devenant ainsi une sorte de couloir.

« C'est mon âme qui crée ce décor dit-elle doucement. Vous êtes dans une bulle de mon âme et de ma pensée. C'est une des choses que l'on m'a appris à faire et c'est de la sorte que vont beaucoup de manifestations ici. »

« Que l'on t'a appris à faire ?

– Oui… regardez, ce sont eux… et puis quelques autres aussi. Je voulais que vous les voyiez, parce que je sais que vous me comprendrez mieux. »

Dans la clarté paisible du couloir blanc émergent les silhouettes de deux êtres. Ce sont celles d'un homme et d'une femme qui se tiennent là comme une paire d'amis. Leur présence nous est soudainement si naturelle, si évidente qu'il nous semble qu'ils ont toujours dû être là et tout connaître de notre projet.

Leurs visages ne reflètent pourtant pas la connaissance insondable de ces créatures angéliques que l'imagination populaire aime à façonner. Ils sont là, au contraire bien concrets, bien humains, avec toutefois cette espèce d'éternelle jeunesse et cette lumière intérieure que seul sait générer l'univers de l'âme.

« Voilà un peu ma famille... »

Ces mots se sont insinués en nous avec une force gaie, pétillants à la manière d'une coupe de champagne que l'on est heureux d'offrir un jour de fête.

« Ce sont mes guides, reprend la voix de notre nouvelle amie. Enfin, je dis mes guides parce qu'ils m'ont appris que sur terre c'est le mot qui est souvent utilisé. Mais, pour moi, ici, ce sont surtout mes amis, un peu mes professeurs aussi si vous préférez ! Au fond de moi, dès que je suis arrivée parmi eux, c'était comme si je les connaissais depuis si longtemps... Je peux dire qu'ils m'ont aidée à tout apprendre de ce monde ou du moins qu'ils ont agi pour que je me souvienne de tout.

– Ce sont eux qui t'ont dit que tu devais retourner sur terre ? » hasardons-nous de concert tandis que les deux êtres s'en viennent tranquillement plus près de nous.

« Oui... mais je le sentais moi-même. Il y a, je ne sais pas, quelque chose qui me pousse à y retourner. C'est étrange, à la fois comme une attirance incroyable, une crainte et aussi une obligation. Quelque chose d'incontournable... alors j'ai dit "oui, je veux bien..." et c'est alors que mes amis m'ont conseillée. »

Un petit rire chaud et discret nous fait tourner la tête en direction du couple qui se tient maintenant à trois pas de nous et paraît vouloir prendre part à la conversation. Mais la jeune femme reprend, à la fois plus volubile et plus émue :

« Vous savez, je me souviens du moment où j'ai senti qu'il fallait tôt ou tard que je redescende. Cela a été vraiment comme un choc et je suis restée longtemps songeuse… un peu sans doute à la façon d'un enfant qui est confronté pour la première fois à la mort.

– Tu ignorais tout de la réincarnation ?

– Oh, non… j'ai bien vu ici que ce n'était pas une chimère. Je n'ai jamais été éduquée dans ce sens mais j'ai assisté à tant d'arrivées et à tant de départs… il fallait se rendre à l'évidence ! Et puis, il y a une telle logique dans tout cela… mais, voyez-vous, cette notion était logée quelque part dans mon intellect, dans mon mental, comme une vérité juste bonne pour les autres.

Pour la mort, c'est ainsi que cela se passe également, n'est-ce pas ? Eh bien, dites-vous que j'ai un peu l'impression que je vais mourir… c'est mon tour. Alors, il faut que je lâche mon confort intérieur et surtout mes amis d'ici.

– Mais tu paraissais si heureuse il y a quelques instants…

– C'est que je le suis ! Il y a d'étranges choses qui se sont réveillées au fond de moi… de vagues souvenirs, des désirs dont j'ignorais même qu'ils puissent encore exister. Ce sont eux maintenant qui me forcent à redescendre et je sens que ma volonté n'y peut plus rien parce qu'il y a des parties de mon être qui ressemblent à des coupes n'ayant pas encore été remplies… ou trop peu.

– À moins que tu ne les aies renversées ! »

L'un des deux êtres qui s'étaient approchés de nous a laissé s'envoler ces mots sur un ton enjoué.

« Rebecca, continue-t-il, Rebecca, il faudra surtout que tu acceptes de parler de tout cela en détail. Il faudra que tu te souviennes jusqu'au bout de cette promesse que tu nous as faite. »

Rebecca dont nous entendons pour la première fois prononcer le nom nous lance alors un regard très tendre mais aussi très résolu.

« Ne vous inquiétez de rien, je la tiendrai cette promesse… non pas parce que cela s'appelle promesse mais parce qu'ici j'ai vraiment enfin compris que la terre a plus que jamais besoin d'amour… et que les hommes ont plus que jamais besoin de comprendre !

Il est grand temps, n'est-ce pas, que là-bas on sache ce qu'est la Vie, d'où elle vient, où elle va… pour qu'on l'aime un peu plus, ne serait-ce qu'un peu plus !

C'est pour cela que j'accepte de mettre mon âme à nu. Je veux que ces neuf mois, pendant lesquels je vais habiter le ventre d'une mère, soient comme une main tendue entre la lumière et… et une autre sorte de lumière. Je veux qu'ils soient un enseignement, mais un enseignement sans maître, sans dogme, sans la moindre petite manifestation de rigidité. Quelque chose de doux et de fort où il suffira de regarder et d'écouter au fond de soi pour saisir l'Essentiel.

– Je crois que nous nous comprenons, Rebecca, murmure l'un de nous. Il faut que nous offrions aux hommes et aux femmes le simple journal de bord de ton retour, le film de sa lumière avec ses joies et peut-être aussi ses doutes, traduit par des mots qui seront les tiens, en marge des philosophies, du langage ésotérique et au-delà de la volonté de prouver quelque chose… Nous n'avons rien à défendre, n'est-ce pas, puisque tout ceci ne nous appartient pas ! »

Autour de nous tous, il semble que désormais la clarté se soit faite plus blanche, plus éclatante comme si la joie de travailler ensemble et l'espoir engendré se mettaient à vivifier différemment ce lieu de l'âme… Et intérieurement, nous savons que c'est bien de cela dont il s'agit. La lumière du cœur est si contagieuse qu'elle habite en totalité nos maisons, même celles d'un jour ou d'un instant.

« Ne m'appelez plus Rebecca, dit soudain la jeune femme en se passant lentement les deux mains sur le visage. Vous comprenez… je ne suis déjà plus Rebecca… je ne dois plus l'être. Je suis… je ne sais pas qui… mais je veux que ce soit bien, que ce soit mieux encore. Je veux non pas me réincarner mais renaître. Voyez-vous la différence ? »

Oui, nous l'avons vue cette différence, avons-nous envie de répondre par un sourire. Oui, nous la comprenons aussi et nous sentons que ton âme a dit oui à ce projet parce qu'elle a la tendresse et l'enthousiasme de ceux qui veulent reconstruire…

Et c'est à ceux-là, les vrais amoureux, les vrais parents de la Vie, non seulement dans la chair, mais aussi dans la Conscience que ce livre est dédié.

Chapitre Premier

Octobre

« Où es-tu au juste ? Est-ce que tu nous entends ? »

Ces interrogations s'échappent involontairement de nos consciences avec l'espoir que, telles des vagues, elles iront rejoindre la rive qui les attend.

Il n'y a guère plus de quelques minutes que nous avons abandonné l'enveloppe de nos corps et que notre confiance nous sert d'unique boussole. Pourtant nous sommes là, comme des veilleurs dans ce monde de l'âme où les pensées prennent forme et se mettent à voguer tels d'incroyables esquifs.

Il n'y a guère plus de quelques minutes que nos corps sont oubliés et lentement nous tentons de visualiser l'image de celle qui fut naguère Rebecca afin qu'elle vienne prendre toute sa place dans notre être.

Les traits de son visage, comme endormis, nous rejoignent les uns après les autres et imprègnent notre écran intérieur. Voilà… le puzzle a retrouvé son unité et maintenant que ses contours paisibles demeurent en nous, tout peut arriver.

Irrésistiblement alors, une force nous attire en arrière dans un silence total. Elle nous absorbe au creux d'une immensité de solitude vivante et nous avons la sensation de nous projeter quelque part, loin au-dessus des crêtes écumeuses d'un océan, loin au-delà des plaines, des villes de néons et des étendues arides... Tout défile avec la fulgurance de l'éclair, puis tout s'arrête, brutalement, comme par la magie d'un coup de frein de l'âme qui sait depuis toujours que c'est là qu'elle va et nulle part ailleurs.

Nous sommes dans une ville, une grande ville... Le regard de notre âme paraît maintenant flotter à quelques mètres du sol et se laisse envahir par le défilé incessant d'énormes automobiles puis par l'éclat des vitrines. Une certitude jaillit en nous : nous nous trouvons sur le continent nord-américain. Quelques palmiers pourtant, presque perdus dans des bouquets d'arbres, nous dispensent comme une bouffée d'air pur et un rayon de soleil au milieu de cette sensation de tohu-bohu.

Ici, nous ne sommes qu'un regard qui observe et se laisse porter par le quadrillage de quelques larges rues tracées au cordeau. Cependant, sur l'asphalte des trottoirs une foule grouillante et hétéroclite défile, ignorant tout de notre présence. Quelques instants se passent ainsi, merveilleux maîtres de non-vouloir et d'abandon confiant.

Puis, brusquement, au sein de ce peuple bigarré, nos yeux et notre cœur se figent sur deux femmes qui descendent tranquillement du perron d'un immeuble cossu. Il s'agit d'une mère et de sa fille ; nous le savons d'emblée. Pour elles deux, c'est un instant de paix. Les lueurs que dégagent leurs corps tranchent avec celles des passants et ne trompent pas. On y lit aussi le bonheur puis mille interrogations qui jaillissent telles de petites bulles de savon, prêtes à éclater.

« C'est ma mère... enfin la plus jeune d'entre elles... bien sûr ! »

Une voix gaie a éclaté au-dedans ou tout près de nous et, machinalement, nous nous retournons, traversés par la sensation confuse d'être surpris au beau milieu d'un film. Il y a comme le bruissement d'une présence, quelques fugitives étincelles bleues qui crépitent, puis plus rien... seulement la certitude totale qu'*elle* est là, que nos âmes se sont presque rejointes et se regardent bientôt face à face.

« Rebecca ? »

À nouveau, nous nous sentons tirés en arrière puis projetés en avant, vers le haut, dans un tourbillon de lumière laiteuse et fraîche. Il n'y a plus d'immeubles aux reflets de verre et les carrosseries aux éclats chromés se sont évanouies. À une très faible distance de nous, presque comme si nous faisions corps avec lui, apparaît désormais le visage de celle que nous cherchions, un peu diaphane sous son épaisse chevelure brune.

Où sommes-nous ? Nulle part en vérité... ou dans l'océan de la vie... dans un lieu de l'âme, un de ces lieux transitoires que celle-ci élabore dès qu'elle entre en métamorphose.

Voilà, nous disons-nous, nous sommes entrés dans *son* monde, celui qu'elle a créé, tel un hologramme projeté par sa conscience et qui vit quelque part entre deux univers, entre deux longueurs d'onde. Nous essayons de comprendre ce qui se passe, du mieux possible. Déjà nous savons que nous sommes analogues à des images conscientes d'elles-mêmes, qui auraient quitté le canal d'une émission télévisée, celle de la Terre, sans pour cela en rejoindre complètement un autre, celui des âmes désincarnées. Cela nous fait sourire… espérons au moins que nous ne sommes pas ici telles des fréquences parasites !

« Oui, vous êtes toujours dans mon univers, murmurent les lèvres de notre amie dont le visage a maintenant repris une dimension normale en n'occupant plus la totalité de notre champ de vision. Mon univers… c'est la petite sphère de quiétude et de vie que se construit toute âme qui s'en revient vers vous, sur Terre. C'est le sas qui aide à faire le pas. Pour moi, c'est un peu un cocon, voyez-vous.

– Nous comprenons fort bien la raison de tout cela… mais que se passe-t-il exactement… » pense l'un de nous toutefois un peu gêné par une entrée en matière aussi rapide.

« Ne vous excusez pas, répond-elle avec toute sa spontanéité. Nous sommes bien là pour travailler ensemble… et puis sans doute votre présence m'aidera-t-elle tout autant que la mienne vous fournira de données. Je suis heureuse… mais pour moi, c'est une épreuve. »

En vérité, le lieu où nous nous trouvons en cet instant présent nous fait songer à une salle d'attente, tout aseptisée, un peu nue, comme on en trouverait sans doute dans beaucoup de cliniques. C'est pourtant le même que l'autre jour lorsque nous l'avons découvert pour la première fois. Aujourd'hui elle a froid cette demeure. Quelque chose nous dit qu'il y a une sorte de courant d'air dans l'âme de notre amie.

« Je suis sotte, dit Rebecca pour s'excuser du trouble qui l'envahit visiblement… C'est vrai, j'ai un peu froid au cœur… alors le souffle que je mets dans cette pièce, évidemment… Vous savez, vous marchez ici dans des sortes d'atomes que ma pensée a créés, que mon imagination assemble et que ma volonté maintient cohérents. Alors voilà, je ne puis vous cacher ce que je ressens actuellement.

Vous avez accepté de voyager avec moi, dans ma maison... il faudra bien en vivre tous les aléas ! »

La gaieté de notre compagne a repris le dessus et immédiatement la clarté immaculée du lieu parle différemment de sa créatrice. Sur l'un des murs, une fenêtre s'est spontanément dessinée. Ses battants sont grand ouverts et laissent apparaître des silhouettes d'arbres tout en fleurs, presque sorties d'un splendide tableau impressionniste.

« Vous aussi sur Terre vous faites comme moi, ou comme nous ici. Vous ne vous en rendez pas compte, mais vous vivez dans vos pensées, vous les habitez comme une maison tout autant qu'elles vous habitent. J'ai mis longtemps à bien le comprendre, mais maintenant que j'ai gravé cela en moi, je me suis juré de redescendre avec cette mémoire !

– Tu veux dire que lorsque nous pensons, nous produisons des *sortes d'atomes* qui créent véritablement un décor et que la qualité de ce décor engendre celle de notre vie ?

– C'est tout à fait cela... enfin, j'ai dit des "*sortes d'atomes*" pour bien vous faire voir qu'il s'agit de quelque chose de très concret. Mes amis, mes guides si vous préférez, me parlent parfois d'éléments vitaux ou de germes vitaux, comme des cellules indépendantes, ou encore des briques avec lesquelles chacun façonne le moindre détail de son propre univers. Ainsi, sur Terre, lorsque cela m'a été permis, j'ai vu que vous étiez nombreux à vous construire des décors de l'âme bizarrement étroits, limités, plutôt compliqués et sombres.

Savez-vous que c'est dans ces décors que vous vous projetez lorsque vous rêvez ?

– Mais, dis-nous, ce n'est pourtant pas ton monde, cette pièce nue où nous nous trouvons. Était-ce si nécessaire que tu façonnes ainsi cette "salle de transit" pour t'en revenir vers nous ? »

Rebecca s'assied sur le sol, songeuse. Pour la première fois nous remarquons les vêtements qu'elle porte. À vrai dire, ils n'ont rien de bien particulier : une longue jupe d'un rouge un peu sombre et un chemisier aux manches plutôt amples qui disparaît sous le buste dans une très large ceinture lacée.

« Non, il n'était pas nécessaire que cela soit ainsi, dit-elle, cela ne l'est d'ailleurs toujours pas, mais je veux en terminer avec autrefois. Je veux évacuer beaucoup de choses de mes vieilles habitudes. Il ne faut pas que je perde de temps... j'ai vu qu'il y avait tellement de choses à faire. En général, lorsque l'on se confectionne une "petite bulle" comme celle-ci, pour revenir, on y met automatiquement les points de repère de notre cœur...

– Les points de repère ?

– Oui, je ne sais pas... une musique par exemple, un petit lopin de terre... J'ai même vu quelqu'un ici pour qui c'était un gros chaudron de cuivre ; il aimait l'astiquer et prétendait qu'il y trouvait son équilibre. Cela, c'est pour les premiers temps, mais après il paraît que toutes ces choses s'en vont d'elles-mêmes, comme si un vent venu de la Terre venait les balayer de la mémoire. Moi, j'ai dit tout de suite à mes amis que je ne voulais pas faire cela. Je sens qu'il faut que je fasse place nette. Je veux revenir complètement neuve, voyez-vous, parce que je sais que ce que j'emporte avec moi maintenant restera encore imprimé dans ce que je vais vivre… comme en filigrane. Lorsqu'on m'a proposé de faire ce travail avec vous je me suis hâtée d'apprendre avec des amis tout un tas de concepts et de mots qui n'existaient pas pour moi. Beaucoup ici ne se soucient pas, hélas, de ce qu'ils vont avoir à faire quand ils reprendront un corps charnel. Les âmes aussi aiment parfois leur confort et ce n'est pas, ainsi que vous le dites, parce qu'elles sont passées de "l'autre côté", qu'elles se débarrassent de leurs vieilles habitudes de paresse.

C'est pour cela que je ne veux plus qu'il y ait de Rebecca, même si celle-ci n'a pas été malheureuse sur Terre, même si celle-ci a connu le bonheur après, ici, avec tous ses amis ! J'ai un peu peur des habitudes, je l'avoue, parce que j'ai vu à quel point elles figeaient la conscience de quelques-uns de mes compagnons, dans les pays, dans les mondes où ils vivent maintenant.

– Tu parles de pays… sur la Terre ?

– Oh, non ! Ici… enfin, là où j'étais avant, mais c'est encore un peu la Terre aussi ! Vous savez, là-bas, on comprend à un moment donné qu'il existe également des pays pour les âmes et que rien ne nous empêche de passer leurs frontières si ce n'est notre manque d'amour et notre manque de volonté à découvrir la vie. Mais aidez-moi maintenant à revenir… Tout cela, c'est fini.

– Peux-tu nous dire, alors, comment tu as su qu'il fallait que tu t'en retournes parmi nous ? »

Le visage de notre amie s'est soudainement éclairé comme au souvenir d'un instant délicieux. Nous en concevons une certaine surprise. Est-ce donc un événement si joyeux que d'endosser à nouveau une tunique de chair et d'os ?

« Je ne sais pas grand-chose de l'itinéraire que je vais connaître… du moins pas assez pour en concevoir aujourd'hui un véritable bonheur. J'essaie plutôt déjà de l'imaginer avec les promesses que je me suis faites. Quelquefois, je me dis que je ferai ceci, que je ferai cela... Mais ce n'est pas cela qui me fait sourire, c'est le souvenir de cette vague de paix qui m'a envahie lorsqu'on m'a demandé clairement de revenir. Là-haut, j'étais dans un monde où il n'y avait que des vergers et je m'étais fait une maison recouverte de chaume comme celle que j'avais autrefois en Europe. C'était merveilleux ; j'y ai vu et appris tellement de choses ! Et puis, à un moment donné, il n'y a pas très longtemps, j'ai senti que j'avais de plus en plus envie de dormir. C'était une sensation que j'avais oubliée depuis tant de temps... Mais c'est seulement lorsque je me suis réellement endormie que j'ai compris que quelque chose changeait dans mon âme. Simultanément alors, la notion des jours qui passent a de nouveau envahi tout mon être. Cela aussi avait complètement disparu de mon univers. Il n'y avait plus jamais de jours, ni de nuits, là où j'avais décidé de vivre, et puis voilà que réapparaissait une sorte de poids sur les paupières... d'abord un besoin de sieste, puis celui d'un si long sommeil.

Après l'un d'eux, je me suis réveillée avec, en tête, des images très fortes... semblables à celles que laisse derrière lui un rêve pénétrant. J'étais habitée par des visages, surtout des visages, puis par des scènes d'un monde trépidant auquel je ne comprenais rien... et tellement lourd !

Mes amis m'ont dit que j'avais été attirée par des âmes qui m'étaient proches et dont je ne connaissais plus l'existence, que j'étais un peu comme de la limaille de fer qui commençait à se laisser prendre par un aimant.

Lorsqu'ils disaient cela, ils ne plaisantaient pas, voyez-vous ! Depuis cette expérience, ils m'ont appris que lorsqu'une âme, pour mille raisons, devient lasse de son univers, une matière qu'ils appellent “l'esprit de fer” augmente en densité dans son corps et c'est elle alors qui rend plus pesant l'état de veille, plus difficile la clarté de la conscience. Je voulais vous dire par cela qu'il y a vraiment une biologie pour le corps de l'âme. Ce corps n'est pas une sorte de vapeur comme vous l'imaginez souvent sur Terre ! »

Celle qui fut Rebecca continue de nous parler de ses sommeils, de la langueur aussi qui a submergé son âme et, ce faisant, semble n'avoir pas remarqué que le décor où nous partageons ces instants a changé. Combien a-t-il fallu de temps, d'ailleurs, pour que nous-mêmes nous nous en apercevions ?

Nous serions bien en peine de le dire. Nous ne pouvons que nous rendre à l'évidence, la vaste salle toute blanche s'est désagrégée, grignotée progressivement par quelque chose de plus petit, dans une ambiance plus dorée. C'est celle d'une maison à l'unique pièce, aux gros meubles massifs, aux formes simples et rustiques. Une cheminée occupe la quasi-totalité de l'un des murs et un feu crépite joyeusement, renvoyant ses lueurs dansantes sur des tentures de velours. Il y a des bougies partout mais la lumière ne vient pas d'elles ; elle est une vibration dans l'air. C'est elle, dirait-on, qui tisse par sa seule vie la totalité du décor.

« C'est ici, entre autres, que j'ai vécu depuis que j'ai quitté la Terre, commente soudain notre amie en changeant de ton. Oh, vous pouvez vous y déplacer, vous verrez, ce n'est pas du carton-pâte ! Du moins pas plus que tout ce qui existe autour de vous chez les “vivants” ! Les hommes d'en bas aussi fabriquent mentalement leur décor et leur univers. Ils sont tous complices pour le limiter à certaines caractéristiques. Ici la pensée peut se faire plus souple, plus puissante, plus libre, c'est la seule différence...

Vous voyez ce banc adossé à la fenêtre ? Eh bien, c'est là que j'ai vécu ce premier sommeil dont je vous parlais il y a quelques instants. Lorsque je suis revenue à moi, mes amis étaient présents à mes côtés. Ici, un état léthargique équivaut à un appel lancé. Il est le signe qu'une âme réclame une mutation et a peut-être besoin d'aide.

Dès lors, à l'issue de toutes mes somnolences j'ai commencé à ramener du fond de ma conscience une série de visages et au réveil "on" me demandait automatiquement si ce qui émanait d'eux me plaisait. J'ai dit "oui", très vite, avec beaucoup de force, ou plutôt je l'ai pensé car ce "on" qui me questionnait, je crois que c'était une force issue de mon propre esprit.

Un jour, mes amis ont ouvert devant moi, dans le verger voisin de la maison, un très beau tunnel de lumière dans lequel ils m'ont emmenée. Je sais combien cela peut paraître stupide de dire cela de cette façon mais en fait ce ne l'est pas davantage que de faire apparaître des images sur les écrans plats que vous appelez télévisions. Maintenant, j'ai compris que rien n'était impossible parce que la matière et la vie qui animent celle-ci sont modelables et perfectibles à l'infini.

J'ai compris aussi que l'on pouvait pénétrer dans la lumière elle-même et faire ainsi des incursions sur d'autres fréquences où la vie se manifeste. C'est comme cela par conséquent que j'ai suivi mes guides dans le tunnel lumineux.

À son extrémité, ils m'ont montré une clarté jaune et, dès que j'ai aperçu celle-ci, je me suis retrouvée immergée en elle mais aussi dans un décor qui m'était totalement inconnu. Je savais seulement que c'était celui d'une chambre dans un hôtel, et que la lumière ressemblait à celle du matin... une petite lumière bleue, ensoleillée, à travers des rideaux à demi-tirés.

Il y avait là un homme et une femme, jeunes tous les deux. Lui était encore allongé et, elle, venait de s'asseoir sur le bord du lit. J'ai été surprise par la foule incroyable des petites étincelles roses et aussi des lueurs violettes qui tourbillonnaient autour d'eux. C'était le signe qu'ils s'aimaient d'amour vrai... Alors, ce n'est qu'à ce moment-là... comment vous dire ? Ce n'est qu'à ce moment-là que j'ai pu contempler librement leur visage... et cela m'a donné un choc si doux... si inexplicable. J'avais envie de leur dire "Oui, c'est cela, oui c'est vous !" Ces visages je les reconnaissais, voyez-vous ; c'étaient ceux de mes rêves, ceux auxquels j'avais déjà répondu oui, sans trop savoir à quoi ils correspondaient. Depuis, je reste persuadée que quelque chose de profond, avant cette rencontre, m'unissait déjà à eux.

Mes amis n'ont rien voulu me dire à ce sujet. De toute façon ils savent ce qu'ils font et c'est sans doute très bien ainsi. Ils m'ont simplement signalé une chose qu'il faut que je vous répète parce qu'elle concerne tous les hommes et toutes les femmes qui s'aiment et ceux qui ne savent pas encore qu'ils s'aiment.

Ils m'ont dit... "Rebecca, lorsqu'un couple s'aime et que leur amour physique les amène à concevoir un enfant, l'homme et la femme ignorent généralement que leur alliance charnelle a déjà été conclue en dehors de leur corps... bien avant leur acte.

– Comment cela ? ai-je alors demandé.

– C'est tout simple. Tu sais que pendant leur sommeil,

les âmes abandonnent leur corps et se rencontrent dans des lieux qu'elles se confectionnent. Là elles donnent libre cours à leurs espoirs, à leurs désirs, à leurs craintes aussi. Eh bien, en ce qui concerne la conception d'un enfant, il en est de même. L'acte de procréation a toujours lieu dans le corps de l'âme quelque trois mois de temps terrestre avant l'acte physique. Même si la rencontre n'a pas encore eu lieu, les âmes, elles, savent ce qu'il en est..." »

Notre amie, qui est demeurée assise sur le sol, vient de lever les yeux dans notre direction comme pour nous suggérer « asseyez-vous, vous aussi... », puis elle ajoute : « Si vous voulez, nous irons les voir ensemble, mes parents. »

Tout se passe alors comme si elle voulait briser l'élan d'émotivité qui l'a peu à peu absorbée.

« Cela m'a fait un choc, répond-elle, je l'avoue... Mais au fond, je ne sais pas grand-chose d'eux. C'est peut-être le fait d'apprendre que nous serons liés qui m'a serré un peu la gorge. Je voudrais tellement rester indépendante ! Finalement, pour moi, ce ne sont jamais que des étrangers qui s'aiment ! D'ailleurs, je me tiens encore si rarement auprès d'eux. Je suis heureuse d'aller leur rendre visite mais je me demande parfois si ce n'est pas davantage par curiosité que mue par un sentiment authentique...

– Rebecca... nous ne savons te nommer autrement... dis-nous s'il y a longtemps que tout cela s'est produit ?

– Oh non... guère plus de trois semaines sur Terre ! Lorsque je les ai vus dans cette chambre, j'ai tout de suite su qu'ils étaient en vacances. J'ai voulu les suivre un moment et rester dans leur rayonnement parce que c'était doux et bon... et puis aussi parce que j'avais de l'intérêt pour tout ce qu'ils regardaient. Pourtant je n'ai pas réussi à tenir longtemps. À un moment donné, j'ai senti une douleur, une sorte de nausée et alors une force m'a tirée en arrière… jusqu'ici.

– C'était un peu une sensation d'indiscrétion, sans doute !

– Je n'ai jamais eu cette impression. Je pense que d'ailleurs tous ceux qui comme moi s'en reviennent ne connaissent pas ce sentiment vis-à-vis de la Terre… tout au moins ceux qui appartiennent au monde où j'ai vécu. Vous savez, nous avons bu à une telle source de paix qu'il y a de longs moments que nous partageons la conviction intime, viscérale même, d'être tous Un. Cela s'explique difficilement. Cela prend l'apparence d'une certitude qui vient s'inscrire jusque dans notre chair, ici. Pourtant, parmi mes compagnons de cette vie que je quitte, un certain nombre n'ont jamais eu la moindre préoccupation de nature spirituelle. Simplement, c'est la qualité profonde de leur cœur qui leur a fait vivre et expérimenter cette vérité ; c'est elle aussi qui les a rassemblés… beaucoup plus qu'ils ne le pensaient en arrivant.

Non… je vous le dis encore, je n'ai jamais ressenti de gêne en pénétrant dans l'intimité de mes parents. Vous savez, j'y vais souvent maintenant, presque tous les jours, même si c'est bref à cause de cette douleur. Ce qui m'intrigue et qui m'amuse c'est surtout cette danse incroyable autour du ventre de ma mère !

– Cette danse ?

– Voudriez-vous m'accompagner ? Mes amis m'ont certifié que c'était possible si vous restez présents dans mon cœur. C'est une simple histoire d'affinité sans qu'il y ait besoin de je ne sais quelle connaissance ou de quelle formule… mais vous le savez bien. Une histoire d'amour de plus, finalement ! »

Nous avons pris les mains de Rebecca dans les nôtres. Petit contact instinctif pour sceller définitivement une amitié et le partage du nouvel itinéraire d'une âme.

Il fait bon dans la lumière de l'âme de Rebecca. Elle est toute simple, sans fausse couleur, sans chaleur factice. Elle parle vrai comme un roseau dont on a fait le plus vivant et le plus pur des instruments de musique. Il faudra apprendre à se laisser guider par elle, à la préserver peut-être aussi parfois, de sa fragilité.

La petite maison aux gros meubles et aux épaisses tentures s'est insensiblement fondue au cœur d'une spirale de lumière. En confiance, nous nous y sentons bien et nous commençons à y marcher tous trois. Étrange corridor en vérité et d'une matière encore si dense ! Plus que jamais la sensation de cheminer dans un sas trouve en nous sa justification. Tout s'accomplit presque hors de notre volonté dans un silence total et il nous semble même que l'émission d'une pensée, ou d'une seule question viendrait flétrir la beauté de l'instant.

Ici, entre deux mondes, l'univers demande simplement l'abandon des petites résistances. Ici, la vie rejoint la vie, son côté pile et son côté face sont proches de l'unification.

Soudain, il y a comme un éclatement. En dessous de nos pas, autour de nous, plus rien, rien d'autre que la lumière et nos âmes... La sensation de froid est pénétrante mais aussi très brève...

Le temps d'un vertige et un décor se plante aussitôt autour de nous. Involontairement nous le contemplons d'abord d'une hauteur de quelques mètres. C'est celui d'une maison ou d'un appartement que nos regards se mettent à parcourir, libres d'en investiguer tous les recoins. Une sorte d'instinct nous pousse à désirer apprécier la qualité de son atmosphère. « Et Rebecca ? » pensons-nous soudainement. Elle a disparu de notre champ de vision dès notre incursion dans ce lieu... tout comme si elle n'était pas arrivée au terme exact de sa destination. Quelque chose nous dit qu'il faut laisser glisser nos corps astraux le long du couloir tapissé de bleu puis traverser un salon mangé par une énorme banquette de velours... Voilà... nous découvrons une chambre, une chambre où nous n'osons d'abord pénétrer comme s'il s'agissait d'un sanctuaire.

Une jeune femme en pantalon de toile y est allongée sur un lit et somnole à demi, face à un téléviseur qui fonctionne en sourdine. Rebecca aussi se tient là, presque recueillie. Nous sommes en vérité semblables à trois consciences suspendues dans un angle de la pièce et pénétrées par la sensation de vivre quelque chose à la fois de mystérieux, de simple et de beau.

« Regardez, murmure notre amie, c'est toujours comme cela... »

Dans la danse paisible des lueurs colorées qu'émet le corps de la jeune femme, un flot de fumerolles plus concentrées capte notre attention. Il entoure la totalité de son bassin tandis qu'en son centre virevolte une multitude d'étincelles violacées. Impossible d'affirmer si ces manifestations lumineuses proviennent du corps lui-même ou si celui-ci au contraire les attire, les extrait de quelque état de la matière. À vrai dire, il semble plutôt y avoir un échange subtil entre l'organisme de la jeune femme et la nature éthérique du lieu. Nous sentons qu'il nous faut installer un peu plus de paix en nous et observer, de plus en plus précisément, avec de plus en plus d'amour...

Maintenant, nous voyons bien qu'il n'y a aucun arbitraire, aucun hasard dans la danse apparemment déconcertante des étincelles violettes. Chacune d'elles, tout d'abord, paraît surgir du sol ou du moins d'un courant horizontal parcourant ce sol et qui acquiert à proximité du corps de la jeune femme une densité plus grande. Singulièrement, par quelque mystérieuse sélection qui nous échappe, certaines d'entre elles sont très vite retenues dans la périphérie du bassin tandis que d'autres, plus nombreuses sont rejetées puis disparaissent.

Nous songeons à un puzzle microscopique que la nature elle-même assemble.

« Regardez encore, murmure à nouveau Rebecca, pénétrée par une évidente émotion. Regardez, les étincelles violettes entrent aussi dans son corps. On dirait que celui-ci les aspire très vite dès qu'elles ont commencé à tournoyer un peu autour de lui. C'est le fœtus dans lequel je vais entrer un jour qu'elles fabriquent ainsi. J'y suis encore bien étrangère mais mon cœur ne peut s'empêcher de battre différemment à chaque fois que je vois tout cela. Mes amis m'ont expliqué que c'est la forme de vie qui est présente dans la Terre, en tant qu'élément, qui génère toutes ces étincelles et ces fumerolles. C'est pour cela qu'elles se déplacent horizontalement ; ce sont comme des germes issus de l'énergie tellurique. Ainsi, voyez-vous, les émanations des semences minérales de cette planète préparent le terrain autour duquel le fœtus va croître. Elles façonnent le moule subtil – vous dites éthérique – dans lequel la chair va pouvoir apparaître. Vous savez, il y a d'autres éléments de la nature, comme l'eau ou le feu par exemple, qui œuvrent là aussi en ce moment mais, à notre niveau, c'est encore tellement timide, tellement fin, que nous ne pouvons pas encore les apercevoir. C'est du moins ce que l'on m'a chargée de vous dire.

– Nous voudrions savoir... n'as-tu pas un peu de peine à nous parler de tout cela, car c'est ton futur corps qui s'élabore ici ?

– Ce n'est pas très facile, mais j'ai promis que je le ferai. Vous savez, dans quelques mois je ne sais pas ce que cela provoquera, mais aujourd'hui, je suis encore tellement extérieure à lui... Je ne l'ai pénétré que deux fois et si rapidement !

– Peux-tu nous parler de cela ?

– Non seulement je le peux mais il le faut ! Cela s'est produit il y a peu de temps et cela correspondait exactement, m'a-t-on dit, avec le premier mouvement du cœur de mon futur corps, c'est-à-dire vers le vingt et unième jour après la procréation physique. Lorsque c'est arrivé, je l'ignorais mais cela correspondait à un appel très fort vers ma mère, quelque chose d'irraisonné et aussi de difficile à vivre. C'était un besoin impérieux de "descendre", d'être en sa présence. Jusque-là, je m'étais contentée de rester dans le rayonnement de son corps, dans son aura si vous préférez. Je n'osais pas faire davantage et je ne savais d'ailleurs pas comment les choses pouvaient se passer.

Je comprends maintenant qu'une âme qui vit cela consciemment doit s'efforcer de ressentir, d'écouter son cœur et ses élans et que nul guide ne lui fournira pour cela de mode d'emploi. L'amour commence là, lorsqu'intuitivement, on sait que la fusion approche, qu'elle nous appelle.

Quant à moi, je suis entrée dans le ventre de ma mère d'un seul coup. Comment vous dire... ? Je me tenais près de son côté... Il y avait une telle lumière jaune qui rayonnait d'elle et je la devinais soucieuse... et puis en un éclair, je me suis retrouvée en elle, comme aspirée. J'ai eu un peu mal. C'était une pesanteur sur la poitrine et une forte nausée.

Mais pendant quelques instants j'ai surtout cru que j'allais étouffer, que j'étais immense, complètement dilatée dans quelque chose de minuscule. Alors, stupidement je me suis mise à avoir froid. Pourtant je comprenais clairement que toutes ces sensations n'étaient fabriquées que par ma conscience mentale... on me l'avait suffisamment enseigné ! Aujourd'hui, en vous parlant de cette épreuve, il me semble que c'est du bruit dont j'ai le plus souffert et que c'est lui qui m'a poussée à quitter très vite le ventre de ma mère.

Sa respiration et les battements étranges de son cœur me procuraient la sensation d'un brouhaha assez pénible et difficilement supportable. Maintenant, je sens que je vais m'y habituer, cela commence à me faire songer au ressac des vagues sur une plage. Finalement, ce sont déjà les bruits de "l'autre rive" !

– Nous savions, et tu nous l'as confirmé, que l'énergie subtile issue de la Terre elle-même intervient en premier lieu dans la confection du moule éthérique dans lequel va croître physiquement le fœtus, mais as-tu appris quelque chose de plus sur les semences minérales que tu as évoquées ?

– Oui, le courant tellurique qui sert à l'élaboration du moule éthérique puis du futur corps physique distribue à ceux-ci l'essence de chacun des minéraux majeurs que l'on trouve sur la Terre et qui correspondent aux planètes du système solaire. En ce moment, bien que mon fœtus absorbe les principes de tous les métaux, on m'a dit que c'est surtout l'énergie de l'or et donc du soleil qui intervient. Mais de mon côté je n'en ressens pas l'effet, voyez-vous.

– Rebecca, est-ce que tu veux dire que si ce fœtus qui se forme à peine venait à mourir physiquement tu n'en éprouverais aucune gêne, aucune douleur ?

– Oh non, répond aussitôt notre amie avec un sursaut… Oh non, ne dites pas cela ! J'ai déjà une mère, c'est elle qui m'a appelée ! Et puis je ne sais pas… depuis que je suis entrée dans son ventre c'est comme si une alliance était définitivement scellée. J'ai commencé à l'habiter et si je devais ne plus y retourner je crois que j'en ressentirais de toute façon une violente douleur physique. J'y ai déjà pensé et cela m'a procuré une sensation de brûlure aux alentours de la rate.

Je me souviens avoir appris toutes ces choses avec mes amis mais il me faut avouer que c'était un peu resté lettre morte… Maintenant je sais que dès que le cœur d'un fœtus se met à battre cela correspond bien à un attachement viscéral entre l'âme de celui qui vient et sa mère. Cela peut paraître stupide à certains mais la nature profonde des minéraux est analogue à celle d'une âme qui tisse aussi ses propres liens et qui en transmet d'autres. Et puis maintenant qu'il y a un cœur qui bat dans ce ventre… même s'il est encore extérieur à moi et indépendant de ma volonté, c'est exactement comme si on m'avait confié une clef que je ne dois pas perdre. »

Tout en prononçant ces mots, Rebecca, avec la souplesse de la flamme d'une bougie, s'est approchée davantage du lit où repose la jeune femme.

« Il n'y a guère plus de quelques jours qu'elle a appris la nouvelle, dit-elle d'un ton enjoué. C'était juste avant que nous ayons fait connaissance tous trois… »

Désormais les deux auras n'en font plus qu'une. Rebecca est si proche de sa future mère qu'elle semble déjà absorbée en elle.

En peu de temps, nous avons vu les émanations lumineuses de son âme se modifier insensiblement jusqu'à se faire transparentes. Puis elles se sont modulées et maintenant elles se teintent selon une gamme bleutée. C'est tout simplement beau. Plus beau, sans doute, plus spontané aussi que nombre de ces méditations qu'une âme en quête de paix tente péniblement de faire fleurir en elle.

Pour nous, en cet instant, ce n'est pas une mère et son enfant qui font leurs premiers pas l'un vers l'autre, mais plutôt deux consciences adultes qui se souviennent lentement de leur promesse mutuelle, deux âmes qui retrouvent un amour sans artifice en attente, quelque part, au fond d'elles-mêmes.

Et tandis que la chaleur de leur cœur nous envahit, c'est toute l'atmosphère de la chambre qui s'en trouve métamorphosée. Chaque chose, chacun aussi, est pris sous le charme d'une sorte de mélodie à peine perceptible. Une sonorité si grave…

Sans doute notre présence est-elle désormais devenue superflue car Rebecca a échappé à notre regard. Le corps de son âme a disparu. Il s'est fluidifié au contact de celui de la jeune femme qui dort maintenant d'un sommeil profond. Il s'est adapté à un autre espace, sur une autre longueur d'onde de la vie, là où nous serions des intrus.

Seul demeure en nous le spectacle d'une chambre un peu banale mais si chaude, quelque part vers l'ouest. Seule demeure une silhouette allongée sur un lit, nimbée de bleu et qui commence à susurrer son secret.

Chapitre II

Novembre

« Eh bien c'est fait... cette fois-ci nous nous sommes vraiment rencontrées ! Cela s'est passé la semaine dernière, du moins à peu près, me semble-t-il. »

Rebecca est assise là, face à nous, les genoux sous le menton, à même le sol de sa sphère de lumière blanche. Quiconque l'apercevrait aurait peine à trouver quelque élément tangible autour d'elle. Il n'y a qu'une clarté qui se suffit à elle-même, un état de disponibilité où tous les possibles sont envisageables sereinement.

« Oh, ne croyez pas que ce soit vide, paraît nous dire Rebecca dans la profondeur de ses grands yeux qui ne veulent pas nous quitter... C'est plutôt quelque chose qui ressemble au contraire à la plénitude. »

Nous contemplons silencieusement notre amie. Voilà plus de quinze jours que nous n'avons pas eu de contact avec elle, quinze jours qui soudainement se sont contractés dans notre conscience au point de gommer les détails de notre vie quotidienne. Se peut-il qu'il y ait tant de temps ? Comme tous les êtres qui demeurent encore sur l'autre versant de la vie, Rebecca se montre douée de cette compréhension pénétrante que procure le langage télépathique. Avec sa vivacité habituelle, elle ne peut s'empêcher de devancer la question qui nous préoccupe.

« Moi aussi, savez-vous, je perçois étrangement la course du temps. Depuis que nous nous connaissons, surtout, j'essaie de retrouver le sens du rythme des jours et des nuits. Il faut que je m'y accoutume plus rapidement que mon corps là-bas en bas ne me le demande… sinon il y aura beaucoup trop d'informations que je ne saurai pas vous communiquer. La difficulté réside dans le fait que le corps de mon âme, ici, a son propre rythme biologique qui n'a rien à voir avec celui auquel mon corps de chair est en train de s'habituer. Au début de mon arrivée en ce monde, le temps, la lumière et tout ce qui était autour de moi vivaient à la cadence de mes émotions, de mes envies et aussi du moindre des bonheurs que je voulais goûter. Ensuite je me suis en quelque sorte assagie en découvrant une force stable tout au fond de mon cœur. C'est alors que la nature et les êtres avec lesquels je vivais se sont mis à acquérir un caractère de fixité et d'équilibre à la mesure de mon amour pour eux. C'est là vraiment que tout a commencé à devenir merveilleux et que j'ai perdu la notion du temps terrestre parce que je ne voyais plus de limitation ni de contrainte à la nouvelle vie dans laquelle j'étais entrée.

Ici aussi, même dans ma petite bulle entre deux mondes où j'essaie de me tenir le plus souvent possible, je demeure toujours dans ce rythme de la lumière sans cassure où mon cœur peut s'exprimer si pleinement. Je ne parle pas par image, voyez-vous, car par instants je vois encore ses courants vitaux d'un vert très doux, qui viennent teinter tout ce qui m'entoure. La seule différence c'est que j'ai maintenant une sorte d'horloge instinctive, viscérale presque, qui fait régulièrement irruption en moi. J'ai la sensation que c'est elle qui m'attire vers la Terre. Je sais aussi que tout cela s'opère par l'intermédiaire de ma rate. Le germe de celle-ci apparaît dans l'embryon avant même celui du cœur et c'est lui qui me transmet peu à peu la cadence solaire telle qu'on la perçoit sur Terre...

Mais je voulais vous parler de ma mère... Mon père, c'est un peu plus difficile, il n'est pas encore venu me voir. De toute façon, c'est ce que je voulais avant tout vous dire : elle et moi nous nous sommes vraiment rencontrées.

– Que s'est-il passé au juste ? Comment est-elle parvenue jusqu'à toi ? »

Rebecca change alors de ton. Elle paraît avoir soudainement gagné une énergie nouvelle et, d'un geste des mains qui lui est devenu familier, elle tire lentement en arrière son épaisse chevelure noire comme pour la réunir en une seule coulée.

« Oh, dit-elle, elle ne l'a pas fait volontairement ! Cela a pu s'arranger tout naturellement pendant qu'elle dormait. Mes amis d'ici m'ont dit qu'elle n'avait pas la notion du type de voyage que doit accomplir une âme pour revenir sur Terre, alors c'est inconsciemment que tout s'est passé pour elle.

– Tu veux dire qu'elle n'a pas le souvenir de t'avoir rencontrée ?

– Cela, je ne le sais pas encore. Je voulais simplement vous expliquer qu'elle n'a pas dirigé avec sa volonté la projection de son corps de lumière jusqu'à moi. Celui-ci s'est seulement glissé jusqu'à cette petite bulle de paix durant son sommeil… de façon à ce que nos âmes puissent commencer à échanger un peu d'amour. Rien que pour cela… car nous n'avons pas réussi à nous dire grand-chose !

– Mais, est-ce toi qui l'as appelée ainsi ? »

Rebecca se met à sourire et nous lisons quelque malice dans les plis amusés de ses yeux.

« Oui, je l'avoue, c'est vrai ! Mais il n'y a pas de mal à cela… Je crois savoir que nous agissons tous de la sorte lorsque nous redescendons. Il y a un peu de curiosité, bien sûr, à vouloir précipiter ce premier contact, mais c'est surtout, je crois, j'en suis sûre, une volonté d'aimer et de se faire aimer ! Une volonté d'être accepté très vite, très très vite… La plupart de ceux que j'ai connus dans cette vie qui suit ce qu'on appelle la mort, m'ont dit avoir souffert du manque de sensation d'être suffisamment aimés sur Terre. Moi aussi d'ailleurs, c'est toujours la crainte que j'ai. Il y a en moi et en nous tous, semble-t-il, une sorte de blessure très vieille qui n'est pas tout à fait cicatrisée.

– Peut-être faut-il d'abord commencer par aimer si l'on veut recevoir davantage d'amour.

– J'en suis consciente mais j'ai une telle soif de mieux vivre cette vie que la précédente, de mieux y être, que je crains un peu d'oublier tout cela. Ma peur, c'est sans doute de trop vouloir demander et de ne pas réussir à donner assez…

En tout cas, voyez-vous, ma mère a entendu mon appel et si elle a pu me rejoindre c'est parce qu'il n'y avait pas de barrage en elle, c'est-à-dire pas de tension, pas de rejet de sa situation. Il s'agit, bien sûr, de ce que vous appelleriez au départ un "appel télépathique" que j'ai lancé pendant son sommeil, cependant cela va plus loin parce qu'une telle émission de pensée engendre une sorte de courant électromagnétique qui crée lui-même une voie d'accès, un fil d'Ariane facile à suivre pour celui qui perçoit l'appel.

À vrai dire, je redoutais un peu cet instant, mais finalement ce fut tout simple. Nous nous sommes trouvées l'une face à l'autre, elle un peu engourdie et moi, les sens tellement décuplés... Je n'avais pas la sensation qu'elle allait être ma mère. C'était plutôt une sœur ou une amie qui apparaissait, je ne sais pas !

– As-tu eu la certitude que tu la connaissais déjà, que tu vivais des retrouvailles ?

– Cela vraiment, je ne le sais pas. Plus j'y pense, plus je la conçois à nouveau comme ma sœur, c'est tout ce que je peux dire. Si nous avons une histoire commune, elle doit être très ancienne. Enfin, peu importe. Je crois avoir compris que nous ne devons pas chercher coûte que coûte à percer tous nos secrets. L'oubli est quelque fois un garde-fou extraordinaire, ne pensez-vous pas ? »

Rebecca se tient maintenant debout à quelques pas de nous. Il semble que le fait d'évoquer ces choses la nourrit une nouvelle fois d'une énergie toute particulière. Dans ce monde où nous sommes, la pensée et les émotions parlent d'elles-mêmes. Elles bavardent presque, pourrions-nous dire, car les moindres de leurs manifestations deviennent aussi perceptibles que les jeux du soleil et des nuages dans le ciel.

Ainsi, naissant de la conscience de notre amie, des formes très précises apparaissent près de son visage et s'en éloignent puis, comme lentement dévitalisées, se dispersent dans l'infini. Ce sont les contours de la grande armoire d'une chambre, ceux d'une porte ornée d'un gros numéro de cuivre, enfin les traits paisibles de sa future mère. Au milieu de tout cela pourtant, des lueurs d'un bleu verdâtre si caractéristique flottent, telles des brumes qui ne veulent pas se dissoudre. C'est l'océan intérieur de Rebecca qui tente d'en dire un peu plus en murmurant une crainte.

Rebecca, alors, nous lance un regard… elle sait que nous savons et ne peut s'empêcher de sourire.

« Complices pour complices, fait-elle, soyons-le jusqu'au bout ! C'est vrai, j'ai parfois un peu peur lorsque les traits de son visage prennent vie en moi. Je ne sais pas qui elle est mais je suis néanmoins tellement persuadée maintenant, plus j'y songe, que nous sommes très liées. C'est la nature de ce lien qui, de temps à autre, parvient à me tourmenter quelque peu… plus que je ne pouvais vous l'avouer tout à l'heure. Juste un peu d'anxiété… C'est drôle, c'est une sensation que j'avais oubliée.

Si je la perçois, voyez-vous, c'est bien parce qu'il y a quelque chose qui évolue dans mon corps, là-bas chez ma mère… On m'a dit qu'avec les sept minéraux qui fabriquent les bases de ce corps, le type de feu qui les caractérise y prenait place immédiatement afin de former ce que vous appelez les chakras.

Si ceux-ci n'étaient pas présents dès l'origine, rien ne se ferait, paraît-il. Ensuite, c'est leur travail conjugué à celui, tout aussi fin, des éléments tels que l'eau ou la terre qui permet le développement des ramifications.

– Ces ramifications, ce sont les nadis, n'est-ce pas, les vaisseaux éthériques ? Ce sont eux, dit-on qui, par leur direction, leurs enchevêtrements, vont dessiner précisément la forme du corps et faire de l'embryon un véritable fœtus.

– Oui, c'est aussi ce qui m'a été appris, mais je ne possède pas encore très bien ce vocabulaire. Je voulais surtout vous transmettre ma compréhension d'une vérité qui me paraît maintenant très importante… Le ciel et la terre sont contenus tout entiers au fond de notre corps, autant qu'à l'origine de notre âme. Ce ne sont pas seulement des symboles que l'on peut manier en philosophie ou pour se donner l'impression d'avoir tout compris. Il y a surtout là des éléments qui deviendront un jour très tangibles pour tous, de véritables briques, chacune bien spécifique et avec lesquelles l'Univers nous construit.

– Tu dis l'Univers, Rebecca, est-ce ta façon d'évoquer Dieu ?

– Oui, si vous voulez. Je préfère en parler de cette façon, voyez-vous. La dernière fois que je suis née et que j'ai vécu sur Terre, nous n'avions pas le choix des mots, pas le choix de réfléchir au sens de ces mots, pas le choix non plus de penser autrement que par ces mêmes mots. Alors ici, avec mes amis, j'ai décidé de faire éclater tout cela parce que mon âme ne pouvait pas respirer autrement. Elle feignait de vivre mais, en fait, elle rongeait son frein. Beaucoup de ceux qui s'en reviennent comme moi, maintenant, ont compris ces choses et veulent faire basculer définitivement les structures archaïques. Bien sûr, je crois en Dieu ! Comment pourrait-il en être autrement ?

Lorsque je vois toute cette Lumière, toute cette harmonie dans laquelle j'ai vécu ici, lorsque je vois comment tout s'ordonne et quelle incroyable Force organise la moindre des choses, il faudrait être d'une mauvaise foi étonnante pour nier son existence ! Je ne voudrais pas entrer dans une querelle de mots, pourtant je veux dire que certains d'entre eux sont vieux, on leur a trop fait mal. C'est pour cela que je ne dis plus Dieu, mais l'Univers, parce que l'Univers, pour moi, est une Conscience qui aime et qui habite tout, qui ne se fâche pas pour un oui ou pour un non. Une Conscience qui aime… je ne saurais vous dire plus !

Mes futurs parents croient en Dieu, cela, je le sais aussi. J'ai même compris que je vais avoir quelque difficulté avec eux à ce propos. Ils appartenaient à un moment donné à une sorte d'Église, plutôt fermée qui doit avoir laissé des traces en eux. Il va falloir que je les fasse réfléchir très vite… Je me le suis juré ! »

Notre amie a éclaté de rire comme si le fait d'avoir laissé échapper ces mots réveillait en elle une vieille ardeur combative dont elle veut néanmoins demeurer spectatrice.

« Oui, cela, je le veux, reprend-elle aussitôt avec plus de douceur. Cela fait partie de mon travail, je me le suis promis… Il faut d'abord que je prépare ma maison dans cette vie !

– Rebecca, tu as donc tout de même quelques indications sur ce qui t'attend… Comment les as-tu obtenues ? Nous savons qu'il existe certains lieux dans les mondes de l'âme ; est-ce dans l'un d'eux que tu as été informée ?

– Oui, il n'y a pas bien longtemps d'ailleurs. Il y en a un peu partout ; cela ressemble à de grandes maisons où l'on se repose lorsqu'il y a "quelque chose" qui se fatigue en nous ainsi que je vous l'ai déjà expliqué. Y aller n'est pas une obligation mais on y est parfois fortement invité et c'est ce qui m'est arrivé une fois. Mes amis m'ont emmenée là, dans une sorte de salon où je percevais vraiment la… Conscience divine autour de moi. Cela se traduisait par le sentiment très puissant, inexprimable, de faire Un avec tout, même avec le fauteuil sur lequel je m'étais abandonnée, même avec les murs. À un moment donné, d'ailleurs, cette sensation m'a tellement envahie, que mon cœur s'est comme ouvert par le milieu et j'ai cru que j'entrais dans la matière même de l'un de ces murs. Alors, des scènes ont défilé devant moi, à moins bien sûr que ce ne soit en moi. Elles étaient brèves et ne se suivaient pas, me semble-t-il, les unes les autres avec une logique apparente. Je ne parviendrais pas à vous les décrire aisément, c'est difficilement exprimable. Je peux seulement dire que je voyais et que je vivais des situations dans lesquelles il fallait faire preuve de beaucoup de volonté et de confiance... parfois presque aveuglément. Et toujours, pendant tout ce temps, je me demandais: "Est-ce que tu es d'accord? Est-ce que tu es d'accord?" Je savais que je pouvais dire non jusqu'à un certain point mais qu'alors, je me fuyais moi-même. J'ai vu que celui qui pouvait devenir mon père travaillait dans quelque chose de très technique, dans des endroits très propres où foisonnaient des fils et des boutons. J'ai vu aussi que pour lui ma venue pouvait être aussi une épreuve dans le sens où il aurait quelque peine à m'offrir l'autorité dont j'aurais besoin pour ma stabilité... Ce serait son épreuve à lui... mais aussi la mienne car il serait difficile de lui faire comprendre cela... cela et aussi le fait que je vais tenter coûte que coûte de lui faire considérer la vie autrement.

Toutes ces visions étaient tellement nettes que c'est comme si ce futur en préparation... ou en proposition... était déjà arrivé quelque part dans le temps ou l'espace et qu'il fallait que j'aie seulement le courage de le rebâtir en moi, peut-être pour aller plus loin encore, pour le parfaire !

Tout ce que j'ai vu ensuite, c'était durant mon sommeil, dans ma maison. En vérité, vous savez, nous ne sommes pas obligés de passer par ces lieux dans lesquels des schémas de vie nous sont proposés. Ils servent surtout lorsque cela s'avère nécessaire pour débloquer ou accélérer un processus de prise de conscience, de choix aussi.

Ici, j'ai vu parfois des êtres qui étaient tellement beaux et qui rayonnaient tellement la paix... L'un d'eux enseignait que les mondes de l'âme devraient un jour se débarrasser de ces sortes de "cliniques du futur" qui ne sont elles-mêmes, selon son expression, que des supports de conscience et qu'il faudrait en perdre l'habitude afin de se trouver davantage soi-même. Les âmes comme les corps, disait-il, se fabriquent des techniques tant qu'elles n'ont pas parfaitement trouvé leur maturité, c'est-à-dire leur essence et leur destination.

Toujours est-il que je n'ai pas senti de bonheur ni même de plaisir pendant ces visions d'un possible futur. Je ne me sentais presque pas concernée, comme si une force supérieure, à l'intérieur de moi, savait pertinemment que ce que la vie me proposait là était encore un simple masque et qu'il me fallait voir tout de suite au-delà... derrière lui !

Mon vrai bonheur depuis que je m'en reviens, je m'en rends compte maintenant, c'est bien cette première rencontre ici avec ma mère. Pourtant je lui ai seulement dit : "Sais-tu qui je suis ?" Ce à quoi elle m'a répondu, l'air étonné et un peu absente : "Bien sûr, j'avais seulement peur d'être en retard..."

Je me demande si elle a pu ramener cette conversation avec elle et aussi sous quelle forme ! Je crois, en fait, qu'elle est encore trop peu avancée dans sa grossesse pour se souvenir de quoi que ce soit. Quelque chose me dit qu'elle n'a pas encore bien réalisé ce qui se passait.

– Nous supposons que tu vas maintenant tenter des contacts de plus en plus nombreux de cette façon-là. Sais-tu déjà comment cela pourra se passer ? Il est facile de concevoir que le processus aille évoluer.

– On m'a seulement fait sentir qu'il faudrait que j'aille davantage vers elle plutôt que de la faire venir ici. D'ailleurs, ici c'est "nulle part" ou si vous préférez c'est une sorte de tiroir dans ma conscience où je me suis réfugiée, où j'ai tissé mon cocon. Attirer ma mère ici trop souvent ce serait imprimer en elle, peu à peu, des sentiments qui ne sont pas siens, des souvenirs avec lesquels elle n'a aucune attache. Non, je vais plutôt me tenir de plus en plus souvent dans le rayonnement de ce que vous appelez sa "conscience mentale", dans l'ambiance précise de cette aura. Ce sera une façon plus douce et plus juste de faire connaissance. En fait, je vais essayer de venir dans ses rêves, dès que son corps de lumière aura juste quitté son corps de chair. »

Brusquement, le visage de Rebecca se redresse et acquiert une autre signification. Il exprime une confiance, une quiétude, une joie que nous ne lui connaissions pas encore.

« Excusez-moi », distillent doucement ses yeux.

Derrière notre amie, face à nous, se tiennent deux êtres paisibles, un couple qui, à lui seul, exprime dans l'instant toutes les qualités du silence. Nous ne saurions dire ce à quoi chacun ressemble. Sans doute leur apparence n'offre-t-elle rien de particulier car ce sont simplement leurs regards qui attirent les nôtres. Ils traduisent la petite flamme impénétrable, insondable, mais à sa façon si bavarde, de ceux dont le dos a déjà beaucoup porté et qui ont compris l'Essentiel. Nulle autre force que celle de l'amour n'a pu à ce point leur faire redresser l'échine. Cette vérité est tellement claire !

Nous les reconnaissons enfin. Ils ne sont autres que les guides de Rebecca.

Derrière eux, cependant, c'est comme un voile qui vient de se déchirer. Tout est désormais nimbé d'une clarté bleue et nous nous trouvons au cœur d'un verger en fleurs, assis sur une herbe d'un vert si tendre qu'elle exprime à elle seule une invitation. Tout est si merveilleusement pur que nous nous imaginons un instant ne pas devoir esquisser un seul geste de peur de faner quelque chose.

Dans cette contrée de l'âme qui nous a ouvert ses portes, nous ne sommes après tout que de passage et notre nature est encore tellement différente de la sienne... Pourtant, qu'y a-t-il de plus immuable que la lumière qui se fait matière ?

« Tu vas trop vite Rebecca, déclare l'un des deux êtres en prenant notre amie par une épaule. Nous avons tenté de te le dire l'autre fois, alors que tu étais déjà en leur compagnie, mais tu étais tellement absorbée que ta conscience nous a repoussés involontairement. Tu veux te couper trop rapidement de ce monde qui demeure encore le tien... Tu veux faire place nette de façon si prompte que tu fais violence à ton âme. Pourquoi rechercher cette nudité autour de toi ? Tu ne dois pas te projeter déjà vers la Terre en faisant, à ce point, table rase de ce que tu as connu. Laisse aussi à la Terre elle-même le temps de venir vers toi. Tu es la somme de tous tes passés, vois-tu, et ce lieu fait encore partie de toi, tu ne peux en rejeter la chaleur et le charme tout aussi impulsivement que tu l'as fait jusqu'à présent. »

Rebecca vient de sourire et ce sourire s'est accompagné d'un soupir bruyant comme ceux des enfants à qui l'on vient d'administrer un petit sermon.

« Je sais bien tout cela, fait-elle en appuyant le front sur l'épaule de celui de ses amis qui l'étreint toujours. Je le sais... en fait, malgré ma joie, j'ai un peu peur de revenir vers la Terre... alors je voudrais que tout aille si vite.

– Pardonnez-nous d'intervenir ainsi, dit l'un des deux êtres en se tournant maintenant dans notre direction. Nous ne sommes que de simples humains qui un jour devront aussi reprendre le chemin de la matière dense. Mais il nous faut mener à bien cette tâche par laquelle nous avons entrepris de guider Rebecca... Nous sommes, de plus, réellement heureux que vous assistiez à tout cela... Ainsi, Rebecca vous sera un peu plus familière et ses erreurs vous enseigneront quant aux itinéraires de l'âme...

Voyez-vous, ce verger qui vient d'apparaître autour de nous est encore celui de Rebecca, celui où elle aimait passer de longs moments entre deux existences sur Terre. Elle a un peu de difficulté à admettre que si elle le quitte de façon trop radicale, elle va enclencher systématiquement un processus d'incarnation lui-même trop rapide. Lorsque l'on se coupe très brutalement d'un type d'existence pour un autre, l'âme n'a que rarement la capacité d'assimiler le sens et la portée de sa mutation. Il peut en résulter des tensions et une acclimatation délicate pour elle dans le monde où elle se rend.

Ce qui est valable dans le cas d'une mort physique brutale se justifie également dans l'autre sens... L'idéal est de prendre le temps d'ouvrir la porte puis de la refermer derrière soi... en sachant bien que l'on en garde toujours la clé !

– C'est un problème de souplesse de l'âme, de fragilité de son équilibre face à une qualité de lumière si différente...

– C'est aussi un problème d'ondes mentales, surtout dans le cas d'une naissance à la Terre. Si Rebecca, dans le fond de son cœur, désire se réincarner très vite, inconsciemment sa force psychique va générer des influx qui vont rejoindre automatiquement le fœtus en élaboration pour elle. De tels flots de force vont alors, voyez-vous, accélérer la rotation de l'énergie universelle, le prâna, dans les nadis de ce fœtus. Il ne faudra donc pas être surpris, dès cet instant, si celui-ci veut biologiquement prendre une sorte d'autonomie plus rapide. Sa richesse en une certaine qualité de prâna et les informations subtiles dont ont été nourris un peu artificiellement quelques-uns de ses organes parmi lesquels la rate et aussi le germe du thymus sont des éléments qui enracineront l'âme avant l'heure. C'est ainsi que naissent des prématurés... avant même que tous les minéraux et les forces planétaires qui s'y rattachent aient eu la possibilité de parfaire pleinement leur œuvre. Il y a bien sûr des raisons exceptionnelles à certaines naissances anticipées mais notre explication illustre le cas général. En ce qui concerne Rebecca, il ne s'agit pas qu'elle suive ce chemin car, d'une part elle pourrait imprimer dans son futur corps une tendance à manquer régulièrement de certains métaux, d'autre part elle ne fera qu'ancrer dans son inconscient un besoin de rapidité presque maladif qui en fera une perpétuelle impatiente.

– Je sais pourtant tout cela, reprend notre amie en se tournant vers nous, c'est exactement l'inverse de cette attitude qu'il me faudra développer... comme la plupart de ceux qui vont prendre corps dans les années à venir. Ici, voyez-vous, nous avons été nourris d'une volonté d'aimer alliée à une solide volonté d'agir. Il va falloir une grande puissance de travail et de ténacité dans l'effort, pour construire les espoirs et graver les images que nous avons cultivés dans notre cœur et que l'humanité réclame.

Beaucoup d'entre nous, beaucoup d'âmes qui doivent incessamment revenir sur Terre, se sont souvent rencontrées non loin d'ici et continuent à le faire. Elles ne veulent plus de la Terre qu'elles ont connue autrefois et que certains hommes persistent encore à vouloir leur léguer, avec les mêmes lourdeurs, les mêmes hésitations, les mêmes limitations surtout.

Je fais partie d'une vague d'êtres qui veulent agir vite et bien, sans compromission. Je n'ai pas choisi d'être ainsi et je ne peux croire que ce soit l'effet du hasard si la Force divine me fait comprendre aujourd'hui que je dois revenir.

– Alors, tu feras de ton excès d'empressement, une qualité, Rebecca. »

Sur ces paroles, chacun se tait… Peut-être pour assimiler la transmutation qu'elles impliquent, peut-être pour se désaltérer davantage le cœur au contact du lieu.

Un vent très léger, à peine parfumé, une lumière douce et vivante, des arbres gorgés de fleurs et quelques pierres sèches rassemblées en un muret sur lequel se sont assis les guides de Rebecca, voilà où nous vivons pleinement cet instant. Si nous n'en connaissions la réponse, une question à coup sûr nous hanterait: comment vouloir s'extraire d'une semblable paix ? Est-il possible de nommer la force qui attire vers l'obstacle, qui pousse le forgeron à vouloir forger ?

Notre monologue intérieur amuse Rebecca.

« Moi, je ne la nomme pas, fait-elle, tout ce que je veux c'est me retrouver, moi et ce qui vit de moi dans toute la Création. Je ne parviens plus vraiment à respirer dans ce monde de quiétude parce que la quiétude n'est plus en moi, parce que je sais que je me suis assez reposée et que je crains d'oublier le But ! »

Malicieusement, nous voulons plonger davantage dans le cœur de notre amie. Nous espérons tant l'entendre exprimer ce que nous comprenons nous-mêmes…

« Mais le but de la vie n'est-il pas le bonheur, Rebecca ? Nul ne parvient-il à le saisir ici ?

– Comment être parfaitement heureuse si une partie de moi-même erre encore dans la matière lourde ? Cette partie s'appelle “les autres”. Comment être heureuse maintenant, si la matière elle-même qui m'a aidée à être ce que je suis conserve quelque part sa pesanteur… Non, il faut que ce monde et l'autre, et les autres… s'interpénètrent plus encore et n'en fassent plus qu'un. Il faut qu'il n'y ait qu'une seule Vie qui circule sans “haut” ni “bas”. Il faudra revenir tant qu'il y aura encore des “morts” et jusqu'à ce que celles-ci ne soient plus que des “naissances”. Je ne cherche pas cet état avec tourment, au contraire, mais avec détermination et c'est pour cela, je crois, que la porte m'a été ouverte afin de revenir. »

Tandis que Rebecca prononce avec force chacune de ces paroles, nous la devinons de plus en plus absente des lieux. Nous sentons que son âme se replie sur elle-même, non pour tenter de s'abriter dans quelque refuge mais pour se recentrer, pour mieux rayonner et distribuer le trop-plein de son cœur.

Son corps de lumière en acquiert presque une transparence car la structure vibratoire de sa conscience astrale s'en trouve directement modifiée. L'espace d'un instant, Rebecca nous fait songer à un petit bloc de sel que l'on plonge dans l'eau et qui s'y dissout. Elle s'efface alors de notre vue, nous laissant seuls avec ses amis.

« Elle maîtrise un peu mal son état émotionnel, nous dit l'un d'eux comme pour l'excuser. Il y a tant de choses dont elle ne prend vraiment conscience que maintenant. C'est un phénomène assez normal, voyez-vous. Dès qu'une âme s'en retourne dans un corps de chair, elle a tendance à faire un tour d'horizon de ce qu'elle a appris et vit ce processus tout à fait intensément. En ce monde, c'est une loi et cela facilite sans doute l'imprégnation dans la mémoire profonde des grandes vérités assimilées afin que celles-ci se répercutent jusque dans l'incarnation. »

Soudain, changeant un peu de ton, l'être qui s'adresse à nous, ajoute à mi-voix :

« Pardonnez ces phrases qui vous semblent probablement un peu floues ou tout au moins assez impersonnelles. Nous ne sommes nous-mêmes que de simples humains qui ont accepté d'épauler ici quelques-uns des leurs, un peu plus jeunes. À vrai dire, notre difficulté à vous parler provient de ce que nous vous percevons difficilement. Même si vous pouvez admirer ce verger, vous y déplacer, vous ne faites pas corps avec lui. Pour Rebecca c'est différent, elle est tellement plus proche de vous maintenant. La densification de ce que vous appelez son corps astral s'ajuste tout naturellement à plusieurs niveaux. Sa conscience flotte entre deux états et cela se répercute immanquablement sur la structure de ses molécules.

Quant à moi, j'étais prêtre lors de ma dernière existence terrestre... Lorsque je suis arrivé en ce monde, j'ai vécu une explosion, mon cœur a été gorgé d'une paix que je n'aurais jamais crue possible. Immédiatement, alors, j'ai voulu servir à quelque chose... j'avais développé une telle amertume sur Terre. Des Présences de Lumière... Je ne puis vous dire qui au juste, elles étaient tellement christiques... m'ont très vite confié ce travail afin de continuer à guider les âmes... mais si librement, tellement plus en accord avec moi-même. En tant que prêtre, j'ai toujours souffert du dogme, sans jamais oser le dire. Sans doute sa barrière consentie était-elle un moyen de me sécuriser.

J'ignore pourquoi je vous livre tout cela mais je sentais qu'il le fallait car nous avons, à un moment donné, été un peu vos intermédiaires auprès de Rebecca. Je dis “nous” parce qu'ici j'ai retrouvé la compagne dont j'avais refusé l'amour sur Terre et qui pourtant m'avait toujours habité. Aujourd'hui, vous voyez, j'ai compris autre chose et nous œuvrons tous deux dans la même direction, côte à côte... la torture morale et les appels refoulés, je le sais maintenant, n'ont jamais vraiment grandi l'homme. »

Une vague de silence vient déposer en nous son écume. Que répondre d'ailleurs à cela ? Que nous savons ? Que nous comprenons ? Aucune formule conventionnelle ne peut convenir à des âmes qui s'écoutent mutuellement. Ce sont les yeux alors qui s'expriment.

« N'avez-vous pas remarqué le mutisme total de Rebecca quant à la famille proche avec laquelle elle a vécu ici ? » questionne alors timidement la compagne de celui qui s'est jusqu'à présent adressé à nous ?

« Effectivement, nous commencions à nous interroger sur ce point.

– Malgré son empressement à redescendre sur Terre, Rebecca vit son départ de ces lieux exactement comme vous pourriez vivre une mort. En fait, c'est réellement ce qui se passe, elle meurt à ceux qui lui sont chers. Sa sensibilité la pousse plutôt à ne pas vouloir évoquer leur existence et à plonger le plus rapidement possible dans la matière physique. C'est une réaction que nous comprenons fort bien.

Ainsi, tandis que ses futurs parents se prépareront activement au bonheur de sa venue, ici nous-mêmes ressentirons un manque... et Rebecca aura sans doute froid au cœur pendant quelques semaines ou quelques mois. Il en est de même pour tous à de rares exceptions près. Cela, on ne l'imagine pas sur Terre... ce qui est joie pour l'un peut être arrachement pour l'autre. C'est bien souvent le souvenir des horizons lumineux de son ancienne terre et la mémoire des visages de ceux qu'il vient de quitter qui s'expriment dans les larmes d'un nourrisson et rendent son regard parfois si absent.

Dans ce sens-là, aussi, il y a un portail à franchir et son passage fait partie du processus de maturation de l'âme. Plus on le franchit en conscience, c'est-à-dire paisiblement, sans perte d'identité, sans somnolence excessive comme pour fuir ce qu'il faut lâcher en soi, plus l'entrée dans le fœtus devient aisée et plus le souvenir du but de la vie qui s'ouvre s'ancre en celui-ci. Il faut toujours ouvrir les yeux, toujours chercher à préserver la vivacité de la conscience... et de la confiance, quel que soit le côté du voile que l'on abandonne. »

Tout en écoutant les paroles de cet être nous ne pouvons nous empêcher de songer à l'attitude erronée que la plupart d'entre nous, subjugués par une force de vie qui paraît si neuve et toute en devenir, observons face à un nouveau-né.

L'enfant qui vient de paraître, n'en doutons pas, n'est pas un terrain si vierge que le velours de sa peau voudrait nous le suggérer. Il porte en lui ses bagages, ses craintes, ses espoirs, ses inhibitions, ses joies, tout un potentiel, toute une gamme de couleurs qu'il a plus ou moins développés depuis si longtemps, bien plus de temps que l'on ne se plaît à le croire...

Tandis que ces notions traversent rapidement notre esprit, il nous semble que notre place n'est plus là sous ces arbres en fleurs. Rebecca nous appelle. Une voix silencieuse résonne avec insistance dans notre poitrine, et réclame une action… mais cette action passera par l'abandon total de notre vouloir.

Il faut retrouver le fil d'Ariane qui nous unit désormais à notre amie. Nous ne cherchons pas un lieu mais une sensibilité, une note que son âme émet et qui ne ressemble qu'à elle. Il suffit de la laisser s'exprimer au fond de soi…

Une force nous enveloppe, nous attire à elle, loin en arrière. Elle nous gomme de ce lopin de terre aux accents de printemps, elle nous réduit à un point dans l'univers et nous demande soudain de respirer différemment… ailleurs, plus près de notre Terre…

Nous nous trouvons au-dessus de la foule, une foule grouillante sur de larges trottoirs. C'est la fin de la journée, le ciel rougeoie et déjà les néons clignotent puis coulent en cascades sur les façades des immeubles. Tout à l'heure il pleuvait, l'asphalte ressemble maintenant à un miroir sombre sur lequel défile, dans un murmure crépitant, un cortège de voitures.

Anonyme parmi les hommes et les femmes qui se pressent, un couple vient de sortir du hall béant d'un cinéma. Notre regard s'est automatiquement figé dans sa direction car il est comme habité d'une présence qui le différencie des autres. Elle, nous la reconnaissons ; elle sera la mère de Rebecca. Lui, probablement son futur père, nous l'apercevons pour la première fois. Sa silhouette est fine et sa démarche un peu malhabile, semblable à celle de ces adolescents qui ont grandi trop vite. Quelque chose de noble, et de parfaitement droit aussi, s'exprime en même temps de tout son être et force la sympathie.

S'ils pouvaient savoir…

La silhouette de Rebecca se tient près d'eux, tel un foisonnement d'atomes irisés rivé à l'aura qu'ils dégagent.

Trois âmes en une. Sans doute ces instants de fusion inconsciente compteront-ils pour elles plus que nul ne parviendra jamais à le deviner. Il semble ne rien se passer sur ce trottoir, rien que de très banal… mais en fait, un lien se tisse, trois instruments de musique apprennent à ajuster leurs cordes, trois archets s'apprêtent à jouer au même rythme.

En vérité, nous assistons à un curieux échange. Pleinement consciente, comme si elle dévorait des yeux un spectacle qui lui ravit l'âme, Rebecca paraît faire siennes quelques facettes de la vie profonde de ses futurs parents. Par un mécanisme qui ne dépend pas de sa volonté mais qui répond aux lois d'une physique subtile, elle a attiré à elle, à partir des corps de son père et de sa mère, des masses lumineuses mouvantes, telles des brumes colorées où bouillonnent les matériaux d'une vie intime. Notre amie apprend… elle apprend qui ils sont. Non pas l'histoire de leur vie mais la symphonie que celle-ci joue… Elle se familiarise avec les notes dominantes qui proposeront leurs portées aux siennes.

De même qu'il existe une génétique du corps, il y a une génétique de l'âme. Dès les premières semaines qui suivent la conception, les auras de ceux qui s'unissent pour créer une famille s'épousent étroitement et agissent entre elles comme des vases communicants. Jamais auparavant il ne nous avait été donné de l'observer à ce point. Face à ces êtres qui s'aiment et qui impriment la même direction à leur volonté, nous voyons ici combien les rayonnements des corps subtils sont analogues à des mémoires profondes, à de véritables « banques de données », dirait-on maintenant.

À l'image d'un corps, la lumière qui constitue une aura est assimilable à une myriade de cellules qui se regroupent par affinités jusqu'à former des masses énergétiques d'une certaine densité, d'une certaine ampleur, d'une certaine coloration aussi. Ce sont elles qui véhiculent les spécificités de base d'un tempérament, la forme de sensibilité ou même de rugosité d'une âme. Ce sont elles enfin qui, au-delà des gênes et de l'éducation, établissent les liens de filiation authentiques. Les constituants de l'âme, soyons en conscients, se parlent selon un langage précis tout autant que ceux du corps.

Cependant, non loin de nos regards qui goûtent à la beauté de cet instant d'échange, la silhouette de Rebecca continue de se laisser porter par le halo lumineux du couple qui marche maintenant d'un pas plus pressé dans une ruelle moins fréquentée.

À vrai dire, mais peut-être est-ce dû à la proximité du rayonnement terrestre, notre amie nous semble différente de ce qu'elle était il y a quelques instants encore. Elle nous donne la sensation d'avoir parcouru avec avidité et en l'espace d'un éclair, un grand-livre qui a déjà modifié en elle et à sa façon, sa vision des choses. Ainsi, le corps lumineux de Rebecca s'est-il teinté doucement des nuances roses qui flottent depuis tout à l'heure autour de ses parents blottis l'un contre l'autre. Il ressent leur joie, la fait sienne, comprend leur sensualité et l'absorbe en lui laissant à tout jamais, peut-être, un souvenir semblable à une tendre empreinte. Certaines nostalgies proviennent parfois de tels instants où tout est simple et banal mais en même temps si évident de clarté.

« Non, pas là... »

C'est la voix de Rebecca qui laisse échapper brusquement cette exclamation. Ces mots ont surgi en nous avec les modulations d'une petite plainte.

Nous ne tardons pas à comprendre. À quelques pas du couple, de grandes enseignes jaunes et écarlates agressent le regard. Elles sont éloquentes. Il s'agit là de quelque lieu où l'on se restaure rapidement, probablement à demi-assis face à un comptoir garni de verres en carton, de pailles et de distributeurs de boissons gazeuses…

Nous y sommes; la porte a été poussée par les parents de Rebecca et nous en sentons à peine les atomes se refermer lentement au travers des particules de nos deux corps de lumière qui déjà cherchent quelque endroit pour se réfugier.

Notre amie ferme les yeux tandis que sa silhouette s'estompe un peu. Nous devinons, nous sentons ce qui ressemble à une respiration et qui provient d'elle. C'est quelque chose de haletant ou de saccadé comme un cœur qui peine et qui bat presque contre son gré.

« Il ne fallait pas… », entendons-nous alors entre les martèlements excessifs d'une musique sourde. Cette fois, ces paroles nous procurent l'impression très nette de s'adresser à nous. Rebecca sait que nous sommes là; du moins elle l'a pressenti, elle l'a désiré et nous cherche du regard comme un animal flaire dans le vent.

Voilà… nos trois âmes sont maintenant réunies et se parlent en sourires à quelques pas du couple qui s'est frayé un chemin jusqu'à deux tabourets-échassiers de métal rouge.

« Il ne fallait pas qu'ils entrent là… c'est trop dense, trop lourd pour moi! S'ils m'écoutaient un peu… je le leur ai dit… Il y en a qui peuvent venir ici, mais moi pas… Je ne connais rien de ce monde… Toutes les images que j'en ai vues sont si faibles à côté de cette réalité. Ces bruits me donnent des coups et il y a toutes ces formes… »

Nous ne savons trop que dire, subjugués et étouffés nous aussi par l'atmosphère douloureuse du lieu, vécue, reçue dans cette situation où nos corps physiques, si loin derrière nous, ne peuvent servir de tampon.

Et pourtant, quoi de plus banal aux regards d'aujourd'hui que cette ambiance enfumée d'un « fast-food » semblable à des milliers d'autres avec ses plateaux qui circulent, chargés de hamburgers et de ketchup ?

Sans doute y a-t-il des banalités qui blessent l'âme au point que celle-ci s'est fabriquée des écailles de plus... pour oublier, pour engourdir ses résistances.

Ce qui transperce véritablement notre conscience astrale ici, c'est effectivement le son. Nous le ressentons comme une succession de coups de boutoir. Ce sont les pensées aussi, tristes, fades, excessives et désordonnées qui circulent à travers nous, tels les brouillons de vie de ceux qui sont là.

Nous les voyons trop bien, ces pensées. Ce sont elles surtout qui effraient Rebecca et la font se détacher du rayonnement de ses parents. Pour notre amie, ceux-ci sont loin maintenant et ne peuvent plus représenter que deux formes dévorées par une existence dont elle ne saisit rien. Eux, ont oublié la sienne... celle qu'elle voulait leur raconter, idéalement.

« Regardez, fait-elle, ce ne sont que des brumes. Je ne vois plus que des masses pesantes, comme de la lumière sans vie. »

Nous tentons de faire le point en nous-mêmes afin de mieux comprendre. Rebecca évoque sans nul doute les formes-pensées qui pullulent dans la salle et surgissent des corps qui se pressent pour aller en imprégner d'autres. Afin de bien les apercevoir, il nous faut, quant à nous, opérer une sélection sur notre regard captivé par le foisonnement étrange des atomes de la matière.

Pourtant, tout là-bas dans un angle, près du comptoir, au milieu de ces brouillards de l'âme humaine, il y a une forme plus dense, plus construite qui par sa fixité se distingue des autres.

Rebecca également l'a aperçue et tandis que nous sentons notre amie rivée à nos coques astrales comme derrière un bouclier, ensemble nous avançons dans sa direction. Plus précisément alors, apparaît la silhouette frêle d'un homme au visage émacié et aux traits qui semblent pétrifiés par de la cire. D'une main émergeant de dessous un long imperméable gris, l'homme caresse nonchalamment l'arête d'une caisse enregistreuse.

Il n'y a pas de vie, derrière ce corps, nous le voyons bien… c'est un masque, juste l'enveloppe éthérique et déconcertante d'un être qui a dû passer de longues journées là, accoudé au comptoir, à attendre on ne sait quoi avant de quitter cette Terre. Son empreinte demeure encore, tel un automate qui répète machinalement les mêmes gestes aujourd'hui dénués de sens. Nous savons qu'elle s'évaporera d'elle-même. Ses particules rejoindront les mondes vitaux dès que l'âme qui l'animait sera plus légère et aura trouvé sa véritable demeure quelque part dans la lumière…

« Il faudrait un bon coup de peinture ici ! » pensons-nous.

Notre réaction fait éclater de rire Rebecca. Celle-ci apparaît alors devant nous un peu recroquevillée sur elle-même mais les yeux plus pétillants qu'ils ne devaient l'être l'instant d'avant.

« Il faudra que je m'y habitue, dit-elle assez nerveusement… Il faudra bien que je m'y fasse… Après tout, c'est leur monde, j'ai décidé de l'accepter et il n'est peut-être pas pire que le mien !

J'aurais simplement voulu qu'ils me laissent un peu de temps... Je suis encore comme un sous-marin qui vient à peine de faire sa provision d'air et que l'on envoie par les grands fonds ! Bien sûr, c'est à moi de ne pas me laisser blesser et de prendre mon souffle pour aller vers eux mais il faut qu'ils m'aménagent des îlots, des rives sur lesquelles nous pourrons nous rencontrer. Je dis surtout cela pour mon père, voyez-vous. En buvant dans l'onde de son cœur, tout à l'heure, j'ai vu qu'il ne comprenait pas vraiment. Je veux dire... il n'est pas encore enceint... Il observe et il est content... mais simplement parce qu'il va ressembler un peu plus à tout le monde, parce qu'il va s'identifier davantage à un modèle, celui d'un père.

Pourtant, ce n'est pas cela, il faut que je réussisse à le lui dire... Je ne veux pas naître dans une vieille famille qui fabrique des enfants parce qu'il faut en avoir. Bientôt mon futur corps va avoir besoin de son énergie masculine. Peut-être s'imagine-t-il que c'est ma mère seule qui va lui donner ce dont il a besoin ! Et pourtant, c'est par son amour à lui et par sa disponibilité que ses différents corps vont polariser correctement tout le côté droit de mon corps. Si cela ne se fait pas aisément, il faudra que je me débrouille car j'aurai sans doute un peu plus de mal à m'affirmer dans certaines situations très concrètes.

N'oubliez pas de le dire, il n'y a pas que les planètes ou le havresac de mon âme qui vont bâtir mon tempérament, tisser mon caractère, il y a aussi la conscience d'amour de mes parents ; c'est autre chose qu'une mécanique, même céleste ! Il faut qu'ils s'ouvrent à moi et m'attendent tous deux, s'ils ne veulent pas que je me batte ou que je courbe le dos avant même d'arriver dans leurs bras. Nous sommes tous ainsi lorsque nous redescendons.

Oh, je ne veux pas qu'ils croient attendre une merveille, ni qu'ils surveillent chaque instant de leur existence afin de ne pas faire un pas de côté. La vie ce n'est pas cela et la grossesse n'est pas une maladie… Je veux seulement qu'ils ouvrent leur conscience, qu'ils soient deux à l'ouvrir et sachent que c'est tout autant avec leurs pensées qu'avec leurs corps qu'ils me construisent et m'aident à me trouver ! »

« Se trouver », il est bien là le mot. Nous l'emportons au fond de notre cœur et l'imprimons aujourd'hui avec force sous notre plume… Le constructeur est matériau et le matériau devient à son tour artisan, si en vérité on sait ne voir en eux qu'une seule Force. Ainsi est-ce la Vie qui apprend à se trouver en chacun.

Chapitre III

Décembre

17 h 15...

De l'autre côté d'un petit tunnel immaculé où nos regards s'engouffrent comme dans un télescope, une horloge murale aux énormes chiffres rouges et bleus compte les minutes de ses mouvements saccadés.

Notre vision alors s'élargit et notre conscience aimantée par la marque si tenace du temps terrestre s'immerge tout entière dans la lumière un peu froide d'une vaste cuisine. Tout ici est blanc ou presque, les murs et les meubles, à peine relevés par une discrète frise écarlate ou quelques boutons de porte. Dans un coin cependant, trônant sur une sorte de comptoir, un énorme récepteur radio diffuse une mélodie rythmée qui réchauffe cette atmosphère de laboratoire. Une jeune femme se tient non loin de là. Elle flotte dans un long pull rose savamment étudié afin d'être trop grand pour elle et déballe une quantité de boîtes entassées pêle-mêle dans quelques sacs en plastique épars sur le sol.

« Hier, j'ai eu peur de pénétrer en elle… »

C'est la présence de Rebecca qui nous a guidés jusqu'ici. Sa silhouette s'est progressivement densifiée à nos côtés et son regard, où court une onde un peu triste, nous confirme pourtant le rendez-vous que nos cœurs s'étaient fixé.

« Oui, depuis l'autre jour j'éprouve une peur… Je me suis souvenue d'un sentiment que j'avais complètement oublié, la solitude. Il a refait lentement surface en moi quand j'ai vraiment compris le sens de mon départ. Jusque-là c'était presque l'euphorie, voyez-vous… et puis comme une vague qui remonte du fond de la mer, cette prise de conscience d'une telle lourdeur à endosser, a tout balayé. C'est terrible parce que ma mère, elle, est de plus en plus joyeuse. Elle s'est mise à me chercher sérieusement un prénom.

– Y en a-t-il un que tu souhaites déjà ?

– Oui, bien sûr, il y en a un que je porte depuis longtemps en moi. De toute façon, c'est celui-là que je porterai… du moins si ma mère ou mon père ne sont pas trop sourds lorsque je le leur soufflerai pendant leur sommeil.

– Peux-tu nous le faire connaître ?… »

Rebecca sourit et nous regarde de cet air étrangement intimidé que laissent parfois transparaître les enfants. En réalité, quelque chose semble avoir changé en elle, quelque chose qui exprime un surprenant mélange de vieillesse et d'adolescence, de sagesse et d'inquiétude.

« Non, je ne sais pas… je ne peux pas encore. Ce serait comme si je m'ouvrais trop brutalement. Vous comprenez, un prénom, un nom, ce n'est pas anodin. On me l'a enseigné mais maintenant je sens bien à quel point c'est vrai. C'est une sorte de musique qui va se jouer pour moi et pour ceux que je vais connaître pendant des années et des années. Une musique qui va chanter un peu le fond de mon cœur et ses secrets, le modeler aussi, à sa façon. Maintenant seulement les hommes peuvent comprendre… Ils ont commencé à approcher le monde des vibrations. »

Cependant, dans la vaste cuisine, sur l'autre versant de la vie, la jeune femme continue de ranger méticuleusement quelques paquets derrière les portes blanches de ses meubles. Elle s'est mise à chantonner en rythme avec la radio et chacune des notes qui sort de sa gorge sème autour d'elle un petit courant d'une teinte doucement irisée.

« Ce n'est pas la situation que tu vis qui imprimera la froideur ou la chaleur en ton âme, Rebecca, tu le sais bien, c'est le regard que tu poses sur elle.

– Pardonnez-moi… je vois que je m'apprête à recommencer cette vie comme tant d'autres auparavant si je n'y prête garde. Il y a, au fond de nous, tout ce mécanisme de protection qui s'ingénie à occulter tant de vérités ! Je veux naître consciente de tout ce que j'ai appris… Rappelez-le moi autant de fois que vous le pourrez. Les émanations de la Terre sont toutes gorgées des peurs des hommes, de leurs inhibitions et de leurs égoïsmes. Les âmes qui s'en reviennent les reçoivent de plein fouet, elles les sculptent déjà avant même qu'elles n'endossent une tunique… Elles parviennent à les teinter parce qu'elles ravivent leurs souvenirs, leurs faiblesses.

Aujourd'hui, voyez-vous, je suis pauvre parce qu'il y a des trous en mon cœur que je vois comme des gouffres, parce que la proximité de ce corps qui s'élabore sous tant de plomb me fait à nouveau goûter au moins et au plus. Je vois trop bien que la dualité pose sa première empreinte sur moi. Il y a le monde et moi qui m'en reviens, moi qui me sens seule parce que quelque chose me pousse à vouloir y laisser ma trace, plus belle, plus parfaite. Cette solitude, c'est l'orgueil de ceux qui reviennent et se sentent déjà obligés de dire "je" pour affirmer *qui* ils veulent être.

Ma peur, ma tristesse, c'est... comment vous dire... la conscience de mon inconscience, la vision de mon incapacité à maintenir l'unité entre l'univers et moi.

C'est pour cela que j'ai mal à chaque fois que je vois ou que je sens que mes parents cherchent des lieux où les egos s'affirment et s'affrontent. La Séparation s'imprime alors un peu plus en moi, elle éclaire les lacunes de mon âme... J'ai mal là où jadis j'ai été blessée... et vous savez, je crois que nous souffrons tous de la même blessure lorsque nous mourons, lorsque nous naissons. Nous ne nous aimons pas, nous ne nous pardonnons pas.

Le fait de revenir sur cette Terre ravive en moi les scènes difficiles d'un passé que j'aurais voulu oublier, les plaies que j'ai infligées aux autres et celles que je me suis faites. Je relis des chapitres de mon propre livre et ils me sont d'autant plus douloureux que mes aspirations sont grandes. Dites-le à tous les parents afin qu'ils le sachent. L'âme qu'ils accueillent n'est pas vierge, elle est une mémoire vive ; qu'ils ne s'étonnent pas de ses pleurs. Ce sont des larmes de lucidité, elles appellent de l'amour et de la compréhension. Ce sera leur seul et unique baume.

Aujourd'hui, je sens bien que je ne serai pas différente des autres... c'est peut-être cela qui me rend si seule aussi. "Est seul celui qui se croit unique !" Avec quelle clarté cette réalité me paraît évidente maintenant !

Vous savez, je compte beaucoup d'amis que je considère comme des frères et qui s'en retournent en ce moment même dans un corps de chair ainsi que je le fais. Ils ne sont pas nécessairement doués d'une compréhension identique à la mienne ni de ma sensibilité mais je sais que, eux aussi, ressentent la douleur sourde de cette même solitude. Depuis notre dernière rencontre, j'ai pu retrouver certains d'entre eux et nous avons eu le bonheur de converser longuement. À un moment donné, il m'est apparu que jusqu'ici nous avions traversé à peu près les mêmes phases d'exaltation et d'abattement face à ces fœtus qui sont déjà tellement nous, face aussi à ces parents qui ont, trop souvent à notre goût, l'oreille de l'âme bien fermée.

De telles phases s'expliqueraient en grande partie, d'après l'un de nos guides qui assistait à la conversation, par l'intervention progressive et en quelque sorte rotative des quatre éléments denses de la nature sur le fœtus. Ainsi, voyez-vous, nous avons pu mieux comprendre que la force vitale qui anime l'eau, et qui se constitue d'une multitude de petites âmes différenciées les unes des autres, agit de façon beaucoup plus sensible sur le corps en élaboration, dès la fin du deuxième mois. C'est étrange car les ondulations suggérées symboliquement par la présence dominante de l'eau ne seraient pas sans rapport avec les fluctuations émotionnelles que ceux qui s'incarnent ressentent. Cela se traduit obligatoirement par des manifestations de l'ego et j'avoue que cette solitude que nous ressentons tous à un moment donné en est une…

"Est seul celui qui se croit unique…" Je vais graver au fond de moi cette phrase que mes amis sont si bien parvenus à charger de signification. L'orgueil isole, il fait de nous sur Terre comme en ce monde intermédiaire des soleils qui, au lieu de véritablement donner, cultivent le réflexe de trop attirer à eux.

– Rebecca, il n'y avait pourtant pas de réserve dans ta voix lorsque tu émettais le vœu que tes futurs parents t'écoutent un peu plus…

– Je veux qu'ils entendent mon âme, qu'ils devinent ma présence autour d'eux tout autant et même davantage que derrière la rondeur naissante d'un ventre. Je voudrais tant, aussi, qu'ils tentent de percevoir ma propre sensibilité, qu'ils me perçoivent en amie sur le chemin du retour plutôt qu'en trésor unique qu'ils se fabriquent ! Je voudrais enfin qu'ils ne projettent pas sur mon corps leurs propres craintes ou leurs espoirs fous. S'ils ne le comprennent pas, c'est dès maintenant qu'ils m'empêchent de devenir moi-même. Essayez, je vous en prie, de suivre ma pensée car il m'est difficile de vous communiquer tout cela. Je redécouvre presque chaque chose au moment même où je vous en fais part.

Venez, si vous le voulez, venez à mes côtés regarder ma mère… Vous saurez mieux ce que je perçois… »

Un sourire suffit. Il chasse les nuages du fond des yeux de Rebecca. Il libère en elle comme un soupir de soulagement.

Alors, tous trois unis en une seule force qui ne souhaite qu'aimer et apprendre, nous laissons le corps de notre âme glisser hors de la vaste cuisine blanche. Il y a, nous nous en souvenons, près de la chambre, un petit salon doté d'un imposant fauteuil de cuir et d'un téléphone sur une petite table de verre fumé. C'est ce lieu qui nous appelle. Intuitivement, nous savons déjà que la mère de Rebecca se tient là et savoure un instant de paix. Assise en tailleur dans le creux du fauteuil, elle tricote avec des gestes aussi vifs que ceux d'un petit rongeur qui carde sa laine. Nous sentons qu'elle s'est réfugiée dans son monde intérieur et se soucie peu des informations du jour que la radio commence à diffuser entre deux slogans publicitaires. Sur la moquette du sol, un amoncellement de revues diverses et quelques pelotes jaunes et blanches ajoutent leur note de détente à la pièce.

« Regardez, murmure Rebecca, je l'aime lorsqu'elle est comme cela. Je la trouve belle… Elle n'avait jamais fait cela auparavant, je sais qu'elle ne tricotait jamais ! Aujourd'hui, je voudrais lui parler, lui dire que c'est beau mais que ce n'est pas tout à fait de cette façon… Je dois vous sembler bien exigeante mais j'aurais aimé lui dire que je souhaite qu'elle ne soit plus comme une petite fille qui prépare des vêtements pour sa poupée. Je veux dire que j'ai lu dans son cœur et que celui-ci m'attend encore un peu ainsi qu'on attendrait l'arrivée d'un jouet.

– Cela ne doit pas trop te surprendre Rebecca. N'oublie pas que c'est une sensation toute neuve pour son âme. Tu ne peux exiger d'elle qu'elle soit déjà une mère parfaitement consciente de tout. »

Notre amie ne dit mot et comme si elle se laissait absorber par une soudaine rêverie, elle dirige les courbes souples et lumineuses de son corps jusqu'au pied du fauteuil où elle pénètre doucement dans l'aura bleutée de la jeune femme. Sans doute celle-ci a-t-elle perçu quelque chose au sein de son îlot de quiétude car les gestes hâtifs de ses mains s'immobilisent soudain et son regard se lève comme pour pénétrer quelque nouvelle réalité. Rebecca, qui ne la quitte pas des yeux, éclate alors de rire… et son rire traduit déjà l'amusement et la malice d'une enfant se réjouissant d'avoir joué un bon tour. Enfin, toujours assise parmi le subtil foisonnement éthérique des revues, elle se tourne vers nous d'un air victorieux pour nous lancer :

« Vous voyez, ça y est, j'ai réussi, elle sait que je suis là ! Je l'aime ! Je l'aime ! ajoute-t-elle, maintenant nous allons peut-être pouvoir communiquer ! »

Tranquillement cependant, la jeune mère de Rebecca laisse à nouveau tomber son regard puis réimprime à ses mains leur rythme mécanique. L'instant magique est passé… telle une goutte d'or venue éclairer le temps.

« Cela ne fait rien… je sais qu'elle m'a sentie, je sais au moins qu'elle le peut. Il faut qu'il y ait le vide en elle… pas le néant mais la disponibilité sacrée qui montre le bout de son nez dès que l'on ne veut plus soi-même mais qu'on laisse la Vie vouloir à notre place. C'est cela ! Ce sont ces instants-là que nous devons rechercher toutes les deux !

C'est de cette façon que je serai de moins en moins son nouveau jouet. Alors, elle verra qu'elle ne fabrique pas quelque chose qui va lui appartenir mais que c'est une vague de la Vie qui va venir à travers elle, simplement.

Vous savez, mes amis, à tous les parents qui parcourront les pages de votre écrit, j'aimerais que vous disiez ceci : si pendant neuf mois ils construisent l'enveloppe qu'une âme va habiter, il ne faut pourtant pas qu'ils se méprennent sur la finalité de ce qui se déroule. Tout autant qu'un nouveau corps, c'est eux-mêmes qu'ils élaborent. L'enfant est une pierre de plus qu'ils ajoutent à leur édifice intérieur, une pierre par laquelle ils vont éprouver et polir davantage leur conscience. Cela paraît l'évidence même, bien sûr, lorsque l'on énonce cela. Pourtant et j'en ai pris véritablement conscience depuis ma dernière existence, combien d'hommes et de femmes ont-ils le courage de le reconnaître ? Oh, je ne parle pas simplement du fait de déclarer : "c'est merveilleux, c'est un échange, cela nous fait grandir !"

Ce genre de déclaration plate et conventionnelle je l'ai déjà entendue mille fois du temps même où j'étais sur Terre. Je veux dire… il faut désormais vouloir comprendre que cet échange, que cette croissance mutuelle, vont beaucoup plus loin que la reconnaissance un peu automatique et souvent superficielle du fait. Je voudrais que mes parents – et toutes les âmes qui s'en retournent et mûrissent le veulent aussi – sachent que l'arrivée de leur enfant signifie avant tout le retour d'un être qui porte déjà ses bagages, un être auquel bien sûr ils ont pour charge d'indiquer les directions mais un être aussi qui vient là pour leur raviver la mémoire, pour diriger son doigt dans le sens de leurs propres faiblesses et des vieux contentieux à dissoudre. »

Dans la pièce voisine, la radio s'est mise à redoubler d'intensité. Le commentateur a maintenant laissé place aux tonalités rudes et martelantes d'un orchestre certainement populaire… car la jeune mère de Rebecca en reprend spontanément le rythme d'une voix claire.

Notre amie, chez qui la conversation avait rapidement fait renaître une certaine gravité, se reprend soudain :

« C'est terrible, dit-elle en arborant un air exagérément amusé, comment peut-elle aimer des choses aussi grinçantes ? Et il paraît que j'aurai tendance à les apprécier moi aussi ! De toute façon, je ne veux pas me tenir en marge de ces sonorités. Il faut que je les affronte. Celles qui m'effraient et qui me blessent sont toujours les extrêmes, exagérément stridentes ou graves. Croyez-moi, ce n'est pas une affirmation subjective. Jusqu'à présent, à chaque fois que j'ai pris place dans le ventre de ma mère et qu'une telle musique a retenti, j'ai vu nettement son effet de dislocation sur les cellules de mon corps éthérique. J'ai même perçu derrière les tonalités très sourdes une onde jaunâtre, réellement sale, qui gagnait peu à peu mes nadis encore bien fragiles. Mais à vrai dire ce sont surtout les rythmes saccadés, me semble-t-il – un musicien dirait sans doute binaires –

qui engendrent de véritables petits tremblements de terre sur tous les plans où mon corps se forme. À chaque fois que cela s'est produit, j'ai ressenti comme un brassage de tout mon être, un trop-plein pénible de ma conscience puis une sensation étouffante qui correspond, m'a-t-on dit, à une saturation énergétique de la périphérie de certains chakras, en particulier le quatrième.

Nous voulons tous de la douceur lorsque nous revenons, voyez-vous, même les plus rudes d'entre nous. Nous imposer un excès contraire équivaudrait à diffuser une marche militaire dans un lieu où des êtres se meurent ! Les rythmes binaires sont l'incarnation même de la dualité en ce monde. De là où nous venons, nous en avons perdu l'appétit... alors, ne nous le faites pas retrouver si tôt et avec une telle insistance ! Et puis il y a cela aussi... »

Tout en se levant parmi les revues, Rebecca accomplit alors un vaste et lent mouvement du bras comme pour englober l'aura qui se dégage de sa mère. Nous percevons bien ce que notre amie désire nous montrer. Des masses ternes et d'une forte densité semblent s'installer progressivement sur le pourtour du rayonnement subtil émis par la jeune femme. En fait, c'est une véritable carapace qui se met là en place et qui paraît vouloir isoler le corps du reste du monde.

« Vous voyez, murmure Rebecca en s'éloignant, c'est cela aussi qui devient difficile pour moi. En réaction instinctive à ce rythme, son second plexus émet un courant, une onde, tel un antidote ou un bouclier, un pansement colmatant toutes les minuscules brèches qui se créent sur ses corps subtils. C'est, si vous préférez, une sorte de sécrétion des corps lumineux en guise de protection et de réparation aussi contre une agression. Seulement, voyez-vous, un bouclier n'est pas un filtre, il protège de tout... alors, c'est comme si ma mère s'éloignait de moi. Je ne parviens plus à rentrer dans son intimité, à communier avec elle et elle ne peut plus espérer communiquer avec moi. Tout au plus ressentira-t-elle en son centre quelque chose qui se tend et qui d'une certaine façon se maintient en apnée pour ne pas boire la coupe de l'instant présent. »

À l'autre bout de l'appartement, une porte vient de claquer sèchement. Elle engendre sur nous l'effet d'une détonation dont l'éclair nous renvoie aussitôt au cœur de la spirale blanche. Étrange choc que celui de cette ascension involontaire au centre de notre sas. Rebecca se tient là également, muette, plus proche de nous peut-être dans cette sorte de refuge où l'âme se dénude davantage.

Ici, tout autour de nous, il semble qu'il y ait mille soleils pour chanter la vie. Rebecca tressaille et nos regards qui se croisent ont tous envie de dire : « Allons à l'Essentiel, c'est lui qu'il faut rejoindre. »

« J'ai peur de m'engluer chuchote-t-elle seulement. Dès que je m'approche de la Terre, je crains que son filet ne me fasse oublier le But...

– Ce n'est pas son filet, mais le tien... le nôtre, celui de nous tous ! Tu sais bien que tu pénètres dans la mer des pensées humaines. Les eaux sont glauques car on y raisonne en termes de compétitivité, de commerce primaire, de noir et de blanc. On t'y demandera souvent "Où es-tu née et que possèdes-tu ?", mais rarement "Qui es-tu vraiment ou que comptes-tu être ?"

Tant que tu n'es pas incarnée, il nous semble que c'est à toi de prendre une pleine bouffée d'air pur afin que l'Essentiel ne t'abandonne pas par petits lambeaux mais demeure dans ton centre vital.

– Mes amis m'ont dit de tout faire pour préserver ma conscience jusqu'au bout. Si celle-ci persiste et ne perd rien de son contenu dans l'ultime descente, alors je peux espérer parcourir mon chemin avec un véritable phare en moi. Vous m'empêcherez de dormir, n'est-ce pas ? Empêchez-moi de commencer à juger... je ne veux pas jouer avec les mailles du filet !

– Alors, comment s'est passée la journée ? Ça grandit ? »

À l'autre bout de notre tunnel de lumière vivante, une voix sonore a éclaté. Elle dégage un parfum de tonicité, quelque chose de gai qui nous appelle et ravive en nous ce besoin de découvrir et de servir l'éclosion... Son timbre est un appel qui nous projette à nouveau et avec fulgurance au cœur de l'appartement.

L'espace d'un court instant, il nous faut combattre un début de nausée et cette impression, partagée avec Rebecca, d'enfiler une pesante pelisse. Puis, plus rien, aucune ride en notre cœur... Simplement face à nous, autour de nous, le même petit salon avec ses piles de revues qui s'effondrent sur la moquette. La silhouette presque maigre d'un homme en veste de velours se dessine maintenant sur l'un des accoudoirs de l'énorme fauteuil. L'une de ses mains se promène de façon amusée dans la chevelure de la jeune femme qui a jeté son tricot devant elle... et toujours la radio qui parle, chante et n'en finit pas de nous arroser de ses bourrasques !

Cet homme, nous le reconnaissons et il nous semble éprouver à son contact une amitié instantanée surgie d'une espèce de complicité inattendue. Peut-être captons-nous, buvons-nous quelques gouttes de cette sensibilité à fleur de peau qui caractérise Rebecca. Il est vrai que nos trois âmes se touchent parfois du bout des yeux...

Quelques instants se passent, tout arc-en-ciel, presque muets, puis, nous n'en doutons plus, c'est bien l'émotion de Rebecca qui circule dans nos veines. Elle est bonheur et crainte tout à la fois, sérénité et impatience réunies en un étrange cocktail.

Le couple échange maintenant quelques banalités qui bien vite s'envolent à tire d'aile loin de notre mémoire. Ce qui captive nos êtres c'est la fusion de leurs deux auras. Quiconque parviendrait à imaginer deux masses nuageuses aux teintes pastel se modelant et s'interpénétrant l'une l'autre pour ne bientôt plus faire qu'une réalité unique serait proche de l'image de tendresse qui se tisse devant nous.

Brusquement, un éclair immaculé semblable au jeu aveuglant du soleil sur un éclat de verre surgit au cœur même de cette harmonie.

« Tu ne sais pas ? Cela va te faire sourire, lance la jeune femme en direction de son mari, il y a quelques minutes j'ai éprouvé une sensation bizarre. J'ai cru brutalement que je n'étais pas seule… je ne sais pas au juste… Comme *s'il* était là et *qu'il* nous écoutait ! C'est fou, non ? »

Et prononçant ces mots, la mère de Rebecca promène lentement sa main à la hauteur de son ventre.

« Tu crois que c'est possible ? Il y en a qui le disent !

– Je ne sais pas… il y a tellement de choses qui se disent. Ce serait un peu aberrant, non ? »

L'homme vient de laisser échapper ces mots en souriant doucement, l'air un peu gêné, comme si on lui avait demandé de dévoiler quelque recoin intime de son cœur.

« Idiot ! » Rebecca a bondi. Les traits de son visage se sont figés dans une expression de révolte… « Écoutez-le, il va bientôt annoncer que je ne vis pas ! »

Envers et contre tout nous ne pouvons retenir un sourire d'amusement. La spontanéité de notre amie a quelque chose de touchant qui dédramatise immédiatement la situation.

« Je te prouverai le contraire, Thomas... »

Cette fois, la phrase a été prononcée avec beaucoup de paix et nous procure la sensation poignante de venir des profondeurs de l'âme de Rebecca.

« Pourquoi dis-tu Thomas ? Ce n'est pas ainsi qu'il se nomme. »

Nos regards se rencontrent et se sondent à nouveau dans l'instant présent qui se cristallise. Il nous semble être emportés quelque part... absorbés dans la lumière de notre compagne qui a tout gommé autour d'elle.

Alors, durant quelques secondes indicibles, nous vivons les remous de son cœur et c'est l'image d'une dune façonnée par les vents qui s'imprime en nous. Chaque grain de sable ressemble à une mémoire qui cherche sa place et prend conscience d'elle-même. Il y a tant et tant de cieux, tant de soleils qui défilent à travers elle.

Rebecca se souvient...

« Non, ce n'est pas la même histoire qui recommencera, cette fois, je n'aurai rien à lui prouver. Je vais l'aimer... je l'aime parce que c'est lui... c'est tout ! Je ne le peux pas maintenant, mais un jour je vous parlerai de tout cela... pas aujourd'hui, ce n'est pas assez clair. Je viens seulement de retrouver quelque chose au fond d'un vieux tiroir. »

L'appartement a disparu et nous voilà seuls, tous les trois, suspendus quelque part où il fait bon. Autour de nous, respire un espace qui paraît à la fois clos et infini. Ici, rien n'évoque les brumes d'une conscience qui se fouille elle-même et remodèle continuellement les sinuosités de ses limites sans cesse remises en cause. Il n'y a rien mais tout est bleu et nous avons perdu jusqu'à la sensation d'habiter nos corps subtils.

« Vous êtes dans ma joie… Cet instant, je cherche depuis si longtemps à vous le faire connaître ! C'est un jardin de mon âme que vous deviez visiter. Je voulais vous y mener… mais lorsque c'est moi qui *veux,* il n'y a plus de route. Je n'ai fait que gesticuler, que me débattre en tous sens depuis que je m'en reviens. Les vieilles entraves de l'ego renaissent avec mon ardeur, et s'il n'y avait pas eu le doute de mon père… Maintenant, je crois que je viens de retrouver le faisceau qui me mène à lui et je vais comprendre pleinement l'un des aspects de cette vie qui ne voulait pas me parler. Maintenant, je commence à savoir pourquoi lui et pas un autre. Il faut seulement que mon âme panse encore une petite plaie.

– Quelque chose nous préoccupe, Rebecca et il nous semble que cette plénitude que tu nous offres ici doit permettre de l'aborder. »

Notre amie n'est plus qu'un cœur qui se gonfle de quiétude. Ainsi, au-delà de nos corps oubliés, une force complice nous serre dans ses bras.

« Vous voulez parler de ma famille, de celle de ma dernière existence ? Il y a longtemps, longtemps que je souhaitais vous amener dans cette direction ! C'est important vous savez, cela permet de comprendre tellement de choses !

Mes parents, mes compagnons, tous ceux de ma dernière existence terrestre sont encore ici pour la plupart… enfin, "là-haut" si vous préférez. Quelques-uns ont retrouvé un corps terrestre très rapidement mais ceux qui étaient les plus proches de mon cœur ne l'ont pas encore fait. Ils attendent un peu, mais ce sera bientôt, ils me l'ont affirmé et d'ailleurs nous l'avons décidé ensemble. Nous avons pris conscience qu'il y a des âmes que la vie rassemble sans cesse comme les doigts d'une main afin de mieux sculpter ce qui a besoin de l'être.

Mais je voulais surtout vous dire... Entre deux vies terrestres, dès que la conscience s'ouvre un peu et retrouve sa place dans la gamme des vibrations qui sont siennes, dès qu'un certain plan de lumière s'ouvre, le terme de "famille" ne signifie plus grand-chose... au sens humain où nous le comprenons, tout au moins. Les liens de parenté génétique, liens de sang, se désagrègent. Ils tombent avec les masques des personnalités et des conventions adoptées, l'espace d'une incarnation. Ne demeure avec nous que l'amitié dans sa valeur la plus large, la plus absolue, voyez-vous. Et cette amitié-là, je peux vous affirmer qu'elle est tout simplement de l'amour, quelque chose de généreux, qui ne pose pas les bases de son existence en termes mercantiles car, alors, personne n'appartient à personne.

Ainsi, mes parents sont-ils, à un moment donné de notre éveil mutuel, redevenus mes amis, c'est-à-dire les âmes proches de mon âme et non plus les artisans et détenteurs plus ou moins avoués, d'un corps issu des leurs. Aussi ai-je pu commencer à voir plus loin encore...

J'ai eu deux compagnons lors de ma précédente existence terrestre.

Le premier n'est jamais revenu d'une guerre quant au second, eh bien, j'ai quitté mon corps un peu avant lui. Je les ai retrouvés l'un après l'autre, dans ce que vous appelleriez des "mondes intermédiaires" très proches de l'attraction terrestre où nous avons continué à inventer et à vivre ensemble une suite à notre existence charnelle.

Nos âmes avaient besoin de cette sorte de parenthèse pour terminer harmonieusement une histoire un peu trop passionnelle. Puis… comment décrire cela ? Nous nous sommes réveillés progressivement les uns après les autres et avons commencé à comprendre au-delà, bien au-delà de nos émotions. Cela s'est fait tranquillement, au rythme où nos appétits physiques se sont apaisés et transmués en ce que vous appelleriez peut-être des "échanges énergétiques". Ces échanges sont des courants extraordinairement beaux et forts qui voyagent de l'un à l'autre. Ils ne signifient pas une censure que l'âme s'inflige pour dépasser quelque chose en elle-même qui serait moins beau ou moins pur. Ce n'est pas cela… Ils s'imposent d'eux-mêmes tels des prolongements logiques de notre être qui voit alors plus large, plus grand !

Des sentiments qui nous rongent habituellement sur Terre, comme la jalousie ou la volonté de dominer, de se faire valoir, n'évoquent plus rien de précis dès l'éclosion de cet instant parce qu'il n'y a plus vraiment de main en nous pour accaparer ce qui ne lui appartient pas.

– Tu as déjà bien labouré ton champ Rebecca, pour avoir permis à ton âme d'accéder à ce monde.

– En fait, c'est une sphère de vie, un lieu qui se trouve dans le cœur de chacun… La crainte de son oubli me fait me raidir, elle montre bien quels sont les sillons que je n'ai pas encore creusés. Alors, vous l'avez vu, je redeviens malgré moi une sorte d'arc qui veut se tendre parce qu'il estime avoir encore quelque chose à prouver.

Le besoin de renaître à la Terre s'explique aussi un peu à cause de cela. Il y a une force viscérale qui vient nous chercher jusque dans les replis du monde où nous avons trouvé un certain équilibre. Je voudrais que les hommes sachent que, de toute évidence, cette force n'est pas extérieure à eux afin que plus aucun ne déclare rageusement : "je n'ai pas demandé à naître..." Comme si une fleur se révoltait contre le fait de s'ouvrir sous les rayons du matin... !

Je me trouve bien sotte de vous parler ainsi car ce ne sont pas des leçons que je veux donner à qui que ce soit. J'ai déjà tellement de rides à faire disparaître de mon propre cœur ! Je veux seulement offrir un peu de ce que je crois avoir compris avant de me laisser une nouvelle fois engluer dans cette espèce de toile d'araignée de l'ego. »

La petite voix ferme de Rebecca dépose ces mots devant nous avec une volonté déjà mêlée de nostalgie puis s'éteint d'un coup. Dès lors, pendant un long moment, il nous semble être seuls avec nos interrogations mais aussi avec cette joie si caractéristique et ce soleil bleu dont la légère fraîcheur persiste. Doucement pourtant, la pression d'une main sur nos épaules nous ramène en compagnie de notre amie. Aucun mot n'est échangé, nous continuons tous trois de savourer la vie de cet espace couleur azur dans lequel nous croyons presque, nous aussi, être en transit.

« En fait, c'est assez merveilleux... Je voyage en moi comme je ne l'ai jamais fait jusqu'à présent. Il faut que j'entretienne cet itinéraire dans un continuel courant de bonheur et de lucidité ; ce sera mon meilleur garant pour ne pas oublier mes engagements. Dans ce sens comme dans l'autre celui qui ferme les yeux et n'accepte pas de faire le point sur les chemins de traverse de sa conscience s'apprête encore à naître avec des réflexes d'automate et avec une mémoire durement verrouillée.

Vous avez vu, nous avons des amis ici pour nous guider et nous maintenir en confiance et en éveil... mais si nos futurs parents pouvaient également nous tenir... un peu par la main ! Vous comprenez… lorsque nous revenons, il nous faut lâcher quelque chose, alors s'il n'y a pas au moins une corde que l'on nous tend de l'autre côté ou quelques petits cailloux blancs pour nous rassurer ! Je ne parle pas du fait de se sentir attendu avec des tonnes de layette ou par des berceaux couverts de voiles. Non… tous mes amis éprouvent la même aspiration que moi : c'est l'espoir d'un dialogue possible qui stimule notre volonté de retour et ajoute la touche finale à l'abandon de nos résistances. Les layettes, la chambre fraîchement repeinte, c'est merveilleux, c'est comme un visa de plus sur notre passeport, mais nous ne voulons pas que ce soit un vernis pour dissimuler l'essentiel.

Vous comprenez… il y a quelque temps, alors que j'habitais encore mon verger et sa maisonnette, j'ai assisté au départ d'une amie. C'était tellement fluide ce qui se passait en elle ! À chaque fois qu'elle revenait du ventre de sa mère, il fallait qu'elle me retrouve pour me raconter ce qui s'était passé.

Pour elle cela ne signifiait ni une douleur ni une expérience qu'elle voulait faire partager à quelques curieux. Cela voulait dire qu'elle sentait l'expansion de sa vie et de sa raison d'être… tout cela parce que ses futurs parents consacraient au moins un quart d'heure par jour à lui dire “maintenant je parle avec toi”. Ils le faisaient à heure régulière, chaque soir. Ils s'isolaient et savaient que, dès lors, ils n'étaient pas deux mais trois parce qu'avec cette porte dont ils proposaient l'ouverture c'était un vrai rendez-vous qui se déroulait. Cette amie me disait souvent combien pour eux cela avait l'intensité d'un moment sacré. C'était devenu une sorte de rituel ancré dans leur chair tout naturellement. Ils ne voulaient pas se “raconter d'histoires” par rapport à l'âme qu'ils invitaient et qui les visitait ; ils n'en cherchaient pas les "messages" selon l'expression d'une certaine mode. Non, ils attendaient seulement et faisaient le silence en eux parce qu'ils savaient qu'elle était là... Et lorsque venait un mot, une petite phrase en leur cœur, ils la lui chuchotaient sans artifice, sans se forcer à savoir s'ils en recevraient la réponse. C'est de cette façon d'ailleurs qu'elle a réellement pu leur parler, c'est-à-dire leur faire comprendre ses élans, ses besoins au-delà de ce qu'eux projetaient de leur personnalité. Tout cela bien sûr est idéal mais avouez que c'est si simple !

Mon amie me racontait aussi à quel point l'aura de leur maison s'en trouvait transformée. À l'heure dite, quotidiennement, elle voyait s'élever de sa lourde masse une véritable colonne lumineuse d'un blanc translucide. Au fil des semaines ce faisceau était exactement accordé aux vibrations de ses corps subtils ; il devenait la continuité logique du sas dans lequel elle voyageait. Cela s'est fait "comme ça", sans que le moindre calcul intervienne, simplement parce que l'amour était là, libre de toute contrainte, de toute projection mentale, de tout fantasme aussi. Faudra-t-il, dites-moi, inventer maintenant des guides pratiques, aligner des mots pour le faire renaître, cet amour-là ?

Je sais quant à moi que je vais revenir à la Terre dans un contexte mondial difficile, mes amis du pays de la Lumière me l'ont dit... Mais, peu importe, il y aura tant de choses à partager sous un soleil nouveau ! Alors, alors il faut que je puisse glisser mon épi de blé dans la gerbe... »

Rebecca s'est repliée sur elle-même les yeux fermés, ravie par quelque contrée de son cœur dont elle a seule l'accès. Face à nous-mêmes dans l'immensité bleue, nous comprenons une fois encore que ce sont plus que de simples mots qu'elle nous a confiés et qu'il nous faudra retrouver. C'est quelque chose de transparent comme un souffle, comme un élan qui traduit l'appel clair de la Vie à la Vie.

Chapitre IV

Janvier

En cette nuit d'hiver où la nature demeure figée, seuls les cris vagabonds de quelques rapaces nocturnes se faufilent jusqu'à nous. Sur la table de chevet, les chiffres phosphorescents d'une montre posée sur sa tranche captivent lentement nos yeux qui s'entrouvrent. Il est un peu plus de deux heures. Pourquoi donc ce sommeil si brutalement interrompu ? Les sens en éveil, la conscience étrangement déployée, nous fouillons l'obscurité et nous nous interrogeons. Y a-t-il une volonté derrière tout ceci ? En vérité, quelque chose murmure dans le fond de notre être. C'est une sorte de ressentiment, mais si vague, si lointain… Rien qui permette d'en saisir quelques bribes, pas la plus petite poignée pour en suggérer le tiroir. L'image un peu exaspérante d'un téléphone inopérant s'impose à nous et nous tire une plaisanterie : « Toutes les lignes de votre correspondant sont occupées, veuillez rappeler ultérieurement… » Mais qui est-il ce correspondant ? D'ailleurs, est-ce que ce ne sont pas plutôt nos lignes qui sont encombrées ?

La réalité des choses fait surface et s'installe progressivement en notre être. Après tout, si quelque sonnerie a retenti en nous au point de nous extraire l'un et l'autre de notre sommeil, sans doute faut-il simplement écouter davantage. Pourquoi donc tant de circonvolutions ?

Au bout, tout au bout de ce raisonnement qui s'éteint de lui-même, il y a maintenant le silence… Un silence qui éclate sous le nom de Rebecca qui jaillit tel un feu d'artifice ! Dès lors, nous le savons maintenant, c'est un tourbillon qui nous appelle et qui bientôt va nous aspirer. Notre confiance, le rythme lent et profond de notre respiration en guideront les spires blanches…

Voilà, l'abandon est accepté, l'océan va pouvoir déployer ses vagues sous le corps de notre conscience, les terres et les sables vont pouvoir défiler jusqu'en un point précis. À moins que notre monde ne s'estompe, que l'humanité ne se gomme pour laisser chanter « l'autre rive ».

Avec la promptitude d'une déflagration, une porte intérieure vole en éclat dans un silence épais. Notre conscience est désormais dilatée, projetée loin des écailles qui l'habillent et nous fait naître au cœur d'un lieu habité d'une tranquille lumière, un peu verte, un peu froide. Ses murs, d'abord en filigrane, se densifient et nous commençons à observer.

À n'en pas douter nous sommes dans une clinique et la petite pièce où nous nous trouvons est garnie d'une foule d'instruments, pour la plupart imposants, dont nous ignorons la destination.

Le souffle de Rebecca se fait sentir à nos côtés. Nous ne savons au juste d'où il vient mais sa présence se montre si forte, si pressante qu'il semble nous dire : « Non, ce n'est pas là, pas tout à fait, laissez-moi vous guider. »

Alors, notre corps glisse sur le côté et se laisse porter au gré d'une énergie ainsi qu'une fumée au fil du vent. Une nouvelle pièce un peu plus vaste s'offre maintenant à nos regards. Un homme et deux femmes vêtus de blouses sont rassemblés autour d'un dispositif assez volumineux. Entre les silhouettes paisibles mais affairées de leurs corps, il nous semble deviner l'emplacement d'un grand plateau sur lequel un être est allongé.

« C'est ma mère, susurre en nous la voix de Rebecca. Nous avons été un peu secouées... C'est pour cela que je voulais vous voir. Elle vient de glisser dans l'escalier qui mène à son appartement, l'ascenseur était en panne. Ils lui font toute une série d'examens. Je ne sais pas au juste, on ne m'a pas enseignée par rapport à tout cela. »

Un silence se faufile entre nous, émaillé de questionnements.

« Je ne comprends pas ce qu'ils disent. Je sens seulement les courants qui se dégagent d'eux et qui me font comprendre que ce n'est sûrement pas grave. Maman n'a pas perdu conscience d'ailleurs, et je vois qu'elle ne souffre pas. Elle est seulement choquée par ce qui s'est passé, vous savez. Je le ressens, je dirais, presque dans ma chair.

– Rebecca, c'est la première fois que tu dis "maman" en parlant d'elle ! »

Notre amie ne répond pas, peut-être par pudeur. En cet instant nous ne devinons d'elle qu'un paisible petit sourire qui agit comme la clé d'un coffre aux secrets.

« Où es-tu au juste, Rebecca ?

– Tout près de vous, tout près d'elle. J'ai été chassée si rudement de mon corps que je ne sais plus vraiment comment vous rejoindre. Je vous vois à travers une sorte de voile, mais je ne peux descendre davantage. C'est comme si une énergie venant du ventre de ma mère me repoussait. Il y a un bouclier qui m'empêche d'approcher d'elle et de votre monde. Pourtant, je ne me suis jamais sentie aussi lourde, aussi dense. C'est la première fois depuis bien longtemps que j'ai la sensation d'être habitée par un cœur physique qui bat et qui bat ; j'ai la sensation qu'il s'emballe et cela me fait presque peur. »

Dans un angle de la pièce, non loin de nous, un homme portant des lunettes d'écaille observe attentivement un écran. L'air parfaitement dégagé, il donne l'impression de s'astreindre à un exercice de pure routine. Manifestement il connaît bien la jeune femme qui est allongée sur la lourde table dont le plateau se met légèrement à bouger dans un ronronnement électrique.

« Ne crains rien, ce ne sera pas long, lui dit-il avec assurance. Encore quelques minutes et on n'en parlera plus. »

Face à nous, l'écran de l'échographe vient de s'animer. D'abord perdu dans une foule de taches qui se déplacent rythmiquement en tous sens, l'œil finit par discerner quelques contours évoquant les lignes de force d'un fœtus. Les gestes que celui-ci semble accomplir évoquent une lenteur qui cède parfois la place à une brusque activité.

« ... C'est vrai, il bouge sans moi ! »

Faisant paraître son émotion, Rebecca vient de laisser échapper cette exclamation.

« Vous voyez, vous aussi ! Mes amis m'avaient prévenue : mon corps peut s'agiter sans que je sois là ! J'avais quelques difficultés à les croire lorsqu'ils me parlaient de cet automatisme. C'est la rencontre des forces provenant de la mise en place des Éléments qui crée ces sortes de décharges électriques. Si j'ai bien compris, en ce moment nous assistons au combat de la terre et de l'eau qui cherchent leur équilibre respectif. On m'a expliqué cela d'une façon assez drôle. Chacun de ces Éléments essaierait de se positionner selon une carte mise en mémoire sur le corps éthérique qui continue lui aussi de s'élaborer. Ainsi la terre et l'eau tentent simplement d'appliquer un plan très précis dont la trame est tissée dans l'Éther. »

Malgré toute l'attention que Rebecca porte à ses explications, nous devinons en elle une crispation qu'elle parvient de moins en moins à contrôler.

« Pardonnez-moi, finit-elle par dire, il n'y a pas autant de paix ici qu'il en faudrait à mon âme. Je ne souffre pas, je suis persuadée que tout va pour le mieux mais c'est cette anxiété qui se dégage de ma mère qui parvient à me serrer la gorge. Même si je n'habite pas mon corps ni le sien en cet instant, il ne se passe pas une seconde sans que nous ne jouions la même partition de musique. Ce qui est "elle" devient "moi" au fur et à mesure que les jours s'égrènent, et je crois savoir que cela sera ainsi jusque vers le septième mois. À partir de ce moment-là je devrais pouvoir manifester un peu plus de résistance personnelle à tout ce que je sens comme étant des forces parasites pour l'âme et le corps. Je serai alors capable d'organiser mes propres défenses, je pourrai me reconstruire.

– Te reconstruire ?

– Oui, cela paraîtra sans doute étrange mais à mesure que mon fœtus s'affine et se densifie, il me semble, paradoxalement que ma conscience a tendance à s'éparpiller, qu'elle perd peu à peu de son individualité propre et se fond dans un flot d'énergie qui n'est pas totalement le sien mais celui de votre monde et de ceux qui vont m'être proches. Voyez-vous, je crois parfois devenir une éponge qui se transmue en ce qu'elle absorbe. »

Dans la pièce où nous demeurons toujours, rien n'a changé. Les grésillements des appareils succèdent à d'autres grésillements et brossent à leur façon une toile de fond à laquelle vient s'ajouter la voix paisible du médecin. Sans doute y a-t-il bien peu de temps que nous sommes là dans cette atmosphère feutrée, bien que trop froide pour nos consciences, mais il nous tarde déjà de nous en échapper. Il est des lieux où tout se pétrifie parce que trop d'interrogations, de souffrances ou d'espoirs déçus s'y sont enchaînés comme les perles d'un collier.

La volonté de Rebecca nous demande pourtant de rester. Dans les intonations de sa voix il y a quelque chose d'implicite qui le suggère avec une telle insistance ! En vérité, quant à nous, il nous semble être devenus les bien piètres anges-gardiens d'une situation dans laquelle nous nous estimons impuissants.

« Rien n'est dramatique Rebecca ! »

Mais Rebecca n'est plus vraiment là. Sans doute sa conscience s'est-elle laissée envahir par quelque pensée qui bâtit des remparts et l'entraîne dans sa propre sphère. Alors vient l'instant de se taire et de faire jaillir en silence un peu plus d'amour parce que ni les arguments ni les mots ne cèdent jamais vraiment devant leurs semblables. Dans ces moments-là, c'est l'élixir du cœur qui détient le secret !

Tandis que nous nous échangeons cette promesse d'attente discrète et paisible, un étonnant ballet se joue à quelques pas de nous. Nous n'y avions pas immédiatement accordé une réelle attention jusqu'alors, mais l'intensité qui devient sienne maintenant nous appelle avec insistance. L'angle de la salle où se trouve disposée la lourde table sur laquelle est toujours allongée la jeune femme agit sur nous avec la force d'un aimant. Il est assurément devenu le point le plus vivant du lieu qui nous accueille. La matière de notre monde, observée à partir du corps de la conscience, révèle toujours sa vie intime. Les particules la constituant, ainsi que leurs champs de force, exercent une véritable fascination sur l'œil. Ils offrent le spectacle d'une incroyable arabesque irisée et scintillante aux mouvements d'une rapidité surprenante dont jamais on ne se lasse. C'est la danse de Shiva dans toute sa majesté et dont la force peut devenir un enseignement à elle seule. Pourtant ce n'est pas de cela dont il s'agit ici mais de quelque chose qui vient s'y ajouter en surimpression. Ce quelque chose s'avère doté d'une densité lumineuse qui enveloppe intégralement l'angle de la pièce en question. Nous sentons qu'une fois de plus nos regards doivent se modifier, s'accoutumer à une sensibilité, à une qualité de vie encore différente des autres. En réalité, c'est très précisément le corps de la mère de Rebecca qui attire à lui cette bouillonnante activité luminescente. Nous songeons à un manteau venant envelopper la totalité de ses auras, à une cape surgie des profondeurs de la Vie et qui distille, semble-t-il, une sorte de nectar bienfaisant.

Comme nous prenons davantage conscience de tout cela et que nous nous abandonnons à la beauté de la scène, une douce chaleur nous pénètre. Pour notre âme qui savoure là quelques instants de grande quiétude, il n'y a plus vraiment de clinique ni même d'appareillages bourdonnants ; il y a juste un être allongé qui fait le point sur lui-même et dont les moindres tensions viennent de perdre leur consistance, un être qui vit un de ces instants trop rares où l'on a de véritables oreilles pour entendre. Rien ne se dit en mots pourtant, et c'est pour cela précisément que ces secondes ont quelque chose de sacré.

Il nous faut seulement ressentir ce qui se passe derrière ce que nos yeux subtils parviennent à traduire. En fait, le manteau de lumière qui embrasse et console la jeune femme vient tout autant des profondeurs de la terre que de l'intangible du cosmos. C'est une substance souple comme un nuage de lumière palpable, c'est aussi comme une infinité de langues flamboyantes, autant de bras qui s'en viennent restaurer ce que la peur a détruit. Le physique devra se doter un jour d'autres termes qu'aujourd'hui seule la poésie peut suggérer. Aussi ne nous y trompons pas, derrière ces caresses d'une certaine matière à la matière de notre monde, toute une alchimie précise s'opère et met en jeu des forces et des lois pour lesquelles rien n'est l'effet du hasard mais au contraire d'une nécessité accordée à une logique parfaite. Plus notre regard parvient à capter les flammèches que nous observons attentivement plus celles-ci se teintent d'écarlate et cherchent à se localiser dans la périphérie du bassin de la mère de Rebecca. Par instants, elles semblent même s'y perdre comme si elles y étaient digérées. La force en présence de laquelle nous nous trouvons se comporte à la façon d'un aliment doué d'une intelligence autonome. Elle sait très exactement ce qu'il convient de faire et vers quel point elle doit se diriger.

Quelques instants s'écoulent ainsi comme dans un autre monde où les comment et les pourquoi n'ont pas cours parce qu'ils cèdent le pas à l'évidence.

Puis, peu à peu, au niveau de l'abdomen de la jeune femme, dans la lumière subtile, une lueur verte aux contours bien définis se dessine.

Il semble que la silhouette éthérique d'un fœtus tente de s'en extraire pour se reposer sur le ventre même de la future mère. Sans doute quelque chose est-il perçu par la jeune femme, une sorte de soulagement, d'acceptation de l'heure présente ou de sa compréhension profonde car une longue inspiration lui soulève la poitrine pour s'échapper ensuite en un profond soupir.

« C'est drôle, fait-elle d'un ton monocorde mais parfaitement calme, je ressens comme une forte chaleur. »

Prononçant ces mots, elle porte les deux mains au creux de son estomac.

« C'est là que ça se passe ! Il y a en même temps une sorte de vide en moi, me semble-t-il... mais ce n'est pas désagréable du tout.

– Ce n'est rien ; c'est tout simplement nerveux... Voilà, nous en avons terminé ; tu peux te relever, tout est parfait. »

Quittant son pupitre, le médecin qui se dirige déjà vers la table a maintenant repris une pleine place dans notre champ de vision.

« Je n'ai pas réussi, murmure en nous au même instant la voix un peu hésitante de Rebecca. Je voulais lui faire un signe à travers l'écran, tourner une main, un pied, ma tête, je ne sais pas... quelque chose pour lui faire comprendre que je l'entendais. Cela n'a pas été possible, je n'ai pas réussi à entrer. Il y a une coque ou en elle ou en moi que je n'ai pas pu forcer !

– Mais pourquoi songer à forcer, Rebecca ? As-tu vu ce qui se passait lorsque ta mère elle-même s'est mise à accepter l'événement ? As-tu vu la beauté des forces qui sont venues à elle, peut-être à toi aussi ?

– Je le sais, mais il y a toujours je ne sais quel espoir d'enfoncer les barrages !

– Y a-t-il barrage ou garde-fou ? »

Un sourire se déploie dans l'espace qui nous sépare. Il signe la fin d'une tension et nous tire comme par la main, ailleurs, juste un peu plus loin. Notre conscience astrale pénètre alors les atomes d'un mur, les fait siens puis les abandonne derrière elle avec la salle d'examens. Rebecca nous a attirés au milieu d'une petite pièce carrée pourvue d'une rangée de sièges blancs. Sa mère y est déjà aux côtés du médecin, un peu perdue dans une ample veste aux motifs géométriques. Une autre femme se tient là également. Elle vient de jeter négligemment une revue sur une table basse et décrispe lentement les traits de son visage à mesure que la conversation s'engage. Il nous semble la reconnaître, nous l'avions aperçue dans une rue.

« Ce sera ma grand-mère », annonce Rebecca.

La femme, qui n'a guère plus d'une cinquantaine d'années, baigne dans un halo d'un vert terne où circulent des fumerolles d'un jaune grisâtre.

« Je devais lui ressembler tout à l'heure... j'ai eu une telle peur ! Pas vraiment pour moi... je sentais que tout allait bien, mais pour ma mère. Ses auras s'effritaient et je voyais que n'importe quelle onde mentale pouvait s'y engouffrer. Elle était devenue un vase poreux.

Vous savez, j'ai bien essayé de regarder ce qui se passait. Évidemment, vous avez raison, il n'était pas question de barrage mais de garde-fou. Je conserve parfois de ces réflexes, comme des miroirs déformants ! Je ne sais si je vous l'ai dit, je venais de pénétrer dans mon futur corps lorsque la chute a eu lieu. J'en ai été expulsée avec violence sans comprendre ce qui se passait. Dès que j'ai vu ce qui était arrivé, j'ai voulu me précipiter vers ma mère afin de lui dire que tout allait bien mais ses corps me repoussaient. En une seconde il y avait mille obstacles entre nous. Je rebondissais littéralement sur l'écran de ses peurs et de ses questionnements. En vérité, je comprends juste depuis quelques instants à quel point j'ai pu oublier ce qui m'a été enseigné à ce propos. »

Nous n'apercevons toujours pas Rebecca. Seul un effluve de douceur parvient jusqu'à nous et nous suggère les lignes désormais apaisées de son visage.

« Ne peux-tu venir vers nous ?

– Pas encore, je ne sais pas si j'en suis capable aussi rapidement. Je préfère réapprendre à respirer là où je suis et vous parler de ce dont je me souviens. Je crois que ce que je viens de vivre est voulu. Je crois que mes amis de là-haut le pressentaient et que leur désir est que, là aussi, je puisse servir.

Réellement, je dois commencer par vous dire que ma mère se sent un peu seule depuis quelque temps. Mon père est absorbé par son travail qui le passionne et il ne réalise pas à quel point ce qui s'élabore chez sa femme requiert plus que de la simple attention ou de la tendresse. Cela demande une participation… Un homme ne peut se contenter d'observer de l'extérieur. Alors, voyez-vous, ma mère inconsciemment a élaboré une série d'images mentales suggérant de petits accidents. Des scénarios possibles pour attirer l'attention. J'ai vu défiler tout cela en elle mais j'avoue que jusqu'à aujourd'hui, je n'y avais pas cru. La plupart des accidents arrivent de cette façon. Ce sont des sortes d'appel au secours, des rendez-vous que l'on fixe avec soi ou avec les autres, des punitions que l'on s'inflige.

Maintenant, je peux vous dire et vous répéter que tout est beau. J'éprouve ce besoin parce qu'il y a quelques instants j'ai encore failli l'oublier. C'est l'Amour conducteur de toute vie qui a voulu que je sois expulsée de mon corps lors de la chute de ma mère. S'il en avait été autrement, ma conscience astrale aurait été mise au contact d'un "prâna" vicié généré par l'inquiétude de ma mère et automatiquement introduit dans les vaisseaux de mon organisme éthérique.

Le corps de mon âme aurait connu une sorte d'intoxication qui l'aurait fait plonger dans un épais sommeil semblable à celui d'un puissant neuroleptique. Vous le savez, une conscience qui flotte sur ses mers intérieures perd de sa force. La nature ne veut pas de cela, alors elle a tout prévu !

– Mais ces flammèches écarlates au-dessus de ta mère, cette si belle énergie qui paraissait surgir de partout pour l'envelopper et la protéger, qu'était-ce au juste ?

– Oh, reprend Rebecca avec une émotion et une hésitation au fond de la gorge, oh, c'est le Feu... C'est la première fois que je le vois ainsi, que je l'approche d'aussi près. Comprenez-moi, je ne parle pas du feu qui brûle dans les cheminées mais de cette puissance si vive qui anime toute matière. Je parle du Principe du Feu qui est un grand constructeur. Comme la Terre, comme l'Eau, il faut le voir et l'aimer en tant que Conscience de Vie, Conscience animée par cent mille petites âmes omniprésentes et si éternellement connectées avec les besoins de chacun d'entre nous. Il agira bientôt sur mes corps avec autant d'intensité que l'ont fait les deux premiers éléments. Aujourd'hui, il a seulement répondu à un appel.

Le moule éthérique d'un fœtus qui reçoit un choc exige brutalement du corps vital de la femme qui l'abrite une masse d'énergie importante pour retrouver son équilibre. Cette énergie circule de la rate de la mère à celle du corps qui s'élabore. Dès lors, voyez-vous, il se crée un vide dans la région de la rate de l'être qui donne. Le feu que vous avez vu vient donc comme un onguent ; il est une intelligence aimante qui sait parfaitement ce qu'elle doit accomplir.

Toute cette circulation d'énergie est de l'ordre de la logique. Son mécanisme ne m'a pas inquiétée. Ma tension venait une nouvelle fois de cette impression de parler face à un mur et d'aimer un être qui, non seulement n'avait pas la moindre capacité de percevoir ma présence, mais qui par ses tensions me repoussait. Je crois qu'un seul homme pouvait nous venir en aide à cet instant. Il s'agit de son ami radiologue. J'aurais voulu qu'il se fasse... notre agent de transmission. Il est habitué à une forme du subtil, à traduire ce que l'œil ne peut percevoir. Lorsque je le voyais jongler avec les ondes et avec les courants, lorsqu'il me fascinait avec ces champs de force qu'il interprétait si aisément, j'ai eu envie de lui crier : "Mais pourquoi n'écoutes-tu pas, toi non plus ? Pourquoi accomplis-tu tout ce travail avec un certain amour certes, avec passion même parfois, mais néanmoins comme un robot ? Pourquoi ne veux-tu pas chercher derrière ton écran ?"

J'aurais voulu lui dire aussi que lorsqu'il se donnait à cette tâche, il y avait presque toujours une âme derrière lui ou à ses côtés. Non pas l'âme engourdie ou inconsciente d'un nourrisson en devenir et qui ignore tout de tout mais celle d'un être pleinement développé qui a besoin de son amour, même s'il ne le voit que quelques instants. Cet homme, comprenez-moi, était le seul qui, dans ces minutes d'interrogation, pouvait émettre suffisamment de paix pour que les remparts de ma mère s'effondrent, puis pour que j'entre en elle et enfin que ma conscience ouvre davantage les portes à ce Feu qu'elle réclamait !

Non, je vous le dis, les hommes de médecine ne peuvent se contenter, dans ce domaine tout autant qu'ailleurs, d'être simplement aimables et compétents. Ils ne sont pas venus pour cela. J'en ai connu beaucoup au pays de la Lumière d'où je viens. Nombre d'entre eux reconnaissaient ne pas avoir compris pleinement la chance que la vie leur donnait afin de pénétrer de plain-pied dans l'amour.

Je garde toujours en moi les échos et les images de la Grande Paix ; l'amour dont ces médecins parlaient n'avait rien d'un concept philosophique. Ils mesuraient alors son étendue. Ils l'ont vu tous, absolument tous, comme le don de soi. Sans doute suis-je bien piètrement capable d'en parler – je vous ai déjà tellement offert le spectacle de mes limitations – mais je voulais néanmoins ajouter que ce don de soi, je le vois avec tous mes frères de là-haut, comme le seul médiateur de la Vie. »

Tandis que nous recueillons ces paroles, la silhouette souple et les traits du visage de Rebecca se forment progressivement devant nous.

De nouveau notre amie a dépassé la frontière de la non-confiance, désamorcé ses désirs tendus et pris de sa propre volonté le chemin du retour.

En vérité ce sont des retrouvailles que nous vivons ici car il y a près de trois semaines que nous n'avions pas capté l'éclat de son regard ni recueilli dans nos mains le souffle de ses longs doigts.

Nous comprenons immédiatement qu'elle n'est plus tout à fait la même.

Quelque chose dans le dessin de son visage nous le suggère déjà au-delà d'un ressenti plus subtil. Peut-être son front s'est-il dégagé, peut-être le galbe de ses joues s'est-il amplifié… Il serait bien difficile de l'affirmer. Le vêtement qu'elle porte cette fois-ci ne trompe pourtant pas. À lui seul il confirme une métamorphose. Face à nous, en effet, ne se trouve plus une jeune femme vêtue d'une tenue un peu désuète, mais un être nouveau, habillé d'une longue et fluide robe blanche. C'est un peu moins Rebecca et un peu plus quelqu'un d'autre.

Notre amie capte sans doute notre surprise et y répond instantanément par un sourire qui se transmue lui-même en un rire discret, presque gêné. L'espace d'un court instant, il nous semble être face à une adolescente dérangée dans son intimité.

« Je me pense autrement, dit-elle simplement, enfin j'essaie… ! »

La petite salle d'attente aux sièges blancs est désormais déserte. Ses trois visiteurs l'ont abandonnée sans que nous y prêtions attention. Un lourd silence encore tout vibrant des discussions de la journée en habite le moindre espace. Seuls, dans le couloir, les bruits des roulements à billes de quelque chariot que l'on pousse évoquent toujours l'ambiance d'une clinique. Dehors probablement fait-il déjà nuit noire, probablement aussi des décors de néons teintent-ils déjà le ciel de leur éclat flamboyant.

Peu importe ! Ce qui nous arrive ici est beau et nous voulons goûter pleinement la joie d'être suspendus quelque part entre l'espace et le temps, à la recherche confiante d'une compréhension simple et ultime de la vie.

« Eh bien oui… fait doucement Rebecca en portant une main au creux de sa poitrine comme pour y trouver le juste mot. Eh bien oui, ce que vous voyez de moi, je le ressens en mon être, peut-être comme un arbre qui perd ses feuilles une à une… ou au contraire qui vit l'éclosion de ses bourgeons. Je ne sais. J'oscille entre l'émerveillement et la crainte. La métamorphose est un tremblement de l'âme ; c'est cela que vous aurez à décrire, mes amis.

Voici quatre mois terrestres qu'un corps est façonné pour moi comme de la glaise que l'on pétrit. Tantôt on y ajoute un peu d'eau, un peu de chaleur, tantôt un peu de poids. J'ignore quel en sera l'émail mais le Ciel fasse que son vernis n'en soit pas tout à fait un et que mon vase et son contenu conservent en eux quelque parcelle brute et non polie par les temps humains.

Au fil des mois, voyez-vous, l'horizon des planètes défile en mon âme et la redessine. Au fil des mois aussi, les cellules de mon corps lumineux respirent sur un autre mode et redéfinissent ce qu'elles s'imaginaient avoir immobilisé en elles. Cette charpente qui s'élabore alors dans le ventre de ma mère commence à parler à mon être puis à sculpter ses futures lignes.

Dorénavant je vis d'échanges. Je suis devenue un peu ce qu'un fœtus me suggère quelque part sur Terre, je suis devenue ce que mon âme imprime aussi à ce fœtus ; je suis enfin comme un lieu de passage où la vie se jauge elle-même puis pose ses jalons successifs. Il est juste de dire que l'âme préexiste au corps qu'elle va prendre pour demeure mais il est également juste de reconnaître que ce même corps va agir sur elle comme une teinture. Ce sont les différentes couches de cette teinture que je perçois maintenant avec beaucoup de netteté. Je ne veux pas affirmer que les caractères génétiques offerts à mon corps en ce moment modèlent déjà mon comportement ou ma physionomie profonde. Ce n'est pas cela du tout mais mon être intime en reçoit par petites touches des informations qui laissent jour après jour leur empreinte. Mon être véritable demeure cependant le même et c'est lui qui s'exprimera. Regardez, il accepte déjà de se concevoir différemment pour les nécessités de l'évolution.

Ainsi, si hier encore auprès de mes amis je me sentais sans âge, presque invulnérable et forte de tout ce que j'avais accumulé en mon âme, aujourd'hui je me sens simplement jeune, prête à croquer la vie mais néanmoins traversée de doutes et de faiblesses parfois bien dissimulés.

Évidemment me direz-vous, ces imperfections se concrétisent avec promptitude. J'en conviens parfaitement. Ce sont elles en premier lieu qui ont généré le moteur, la raison de mon retour. Nous sommes tous ainsi, voyez-vous…

Permettez-moi d'insister car, en ces instants, je sens ma conscience recevoir le cadeau d'une claire lumière… la Grande Vie nous ouvre tous les chemins et nous propulse sous tous les cieux afin que la moindre parcelle de notre totalité d'être soit récurée et laisse couler le soleil à flots. C'est pour cela que les formes qu'elle nous propose deviennent tout autant nos instructrices que les circonstances mêmes de nos existences.

Ceux qui recherchent l'Esprit se sacrent aisément "fils du Ciel" mais je vois bien aujourd'hui que le Ciel n'est rien sans une matrice pour recueillir et parfaire ses élans.

Aussi, en contemplant ma mère allongée sur cette table et traversée par les courants du Feu qui la consolidait, derrière mes trépignements je me disais: il faut que je sois digne du corps que la Vie me prépare. Dorénavant j'ai plus pleinement accepté l'idée que je vais mourir à une fausse perfection et abandonner un écrin de sécurité où j'ai eu le bonheur d'engranger une certaine qualité de lumière. Sans doute puis-je encore me cabrer et vous imposer les singuliers feux d'artifice de mon ego mais le bloc de ma conscience a bel et bien entamé le voyage. J'accepte en connaissance de cause les aléas de la transhumance demandée par la vie. Ce n'est plus tout à fait, du moins je l'espère: "Je veux redescendre afin d'accomplir ceci ou cela" mais davantage: "Je retourne dans mon autre chez moi pour dégrossir mon âme."

Ces neuf mois représentent une initiation dont je ne veux pas rater le passage par orgueil, impatience ou peur. Pour cela, je vous demande seulement de m'aider à communiquer avec tout ce que vous véhiculez de vie terrestre. J'ai besoin d'air humain pour accepter mon corps car il est chargé d'une senteur de labourages.

Nous tous qui venons vers la Terre, que ce soit pour la centième ou la dix millième fois, avons besoin d'extérioriser un appel vers la matière et ceux qui l'habitent. Nous ressentons l'urgente nécessité de lancer... une ligne téléphonique au-dessus de la "frontière", non pas pour bavarder, non pour articuler obligatoirement des mots mais pour faire circuler des flots d'amour.

Pour nous qui avons quitté la Terre et ne l'avons pas encore rejointe, ses montagnes, ses vallées, ses mers et ses peuples représentent l'au-delà, voyez-vous, avec tous les flous, toutes les méfiances, toutes les peurs et toutes les illusions que cela suppose.

Un vieillard qui va larguer les amarres de son corps change bien souvent de visage lorsqu'il perçoit les premières vagues de l'autre rive; eh bien, de la même façon, ceux qui s'en viennent habiter la tunique d'un nourrisson ont dû accepter l'abandon d'une certaine idée de l'éternité... et de leur propre définition.

Nombreux dans un sens comme dans l'autre sont ceux qui se croient au bord d'un gouffre où tout va se gommer. Moi, j'ai le trac de ceux qui se voient sur le parvis d'un temple. Tantôt cela me stimule, tantôt cela me fige.

Cette robe que vous voyez sur moi, je ne l'ai pas voulue. Elle s'est tissée d'elle-même sans que j'y prenne garde, inspirée sans doute par quelque partie secrète de ma conscience et tirant son matériau de la lumière où nous baignons. Dites bien que tout se fait ainsi et qu'il existe une intelligence qu'il faut accepter de ne pas analyser. »

Rebecca s'interrompt soudain et ses yeux, semble-t-il, se font plus grands, plus pénétrants de lucidité.

« À vrai dire reprend-elle, je me vois aisément telle une communiante que l'on s'apprête à fêter et qui se sent à tort ou à raison investie d'une nouvelle sagesse... mais aussi, coupable de pesantes exigences. À quand la prochaine métamorphose de mon âme ? Je ne sais. Il faut que je me laisse porter par ce que le moule de mon corps va me suggérer, que j'accepte de m'y plonger sans jugement ni arrière-pensée. Tenir les rênes tout en lâchant la bride... c'est un peu le secret !

Pour l'instant, retrouver la jeunesse, laisser le temps l'imprimer en mon cœur, me distille encore le goût amer d'une régression. Peut-être en est-ce une, mais je veux vivre sa nécessité comme une greffe. Oui, c'est cela, la naissance est une greffe de l'âme ! »

Rebecca a lancé ces paroles avec une sorte d'enthousiasme communicatif et nous voilà attirés près d'elle dans cet espace entre les êtres qui n'appartient ni aux uns ni aux autres mais qui a l'éclat d'une liqueur partagée entre amis.

Quelque chose d'elle essaie maintenant de nous extraire de cette salle où plus rien ne bouge. Il semble alors que sa volonté nous enveloppe pour nous ouvrir l'accès à son voyage. Que souhaite donc avec tant d'ardeur Rebecca ? Faut-il aussi que nous empruntions son itinéraire jusque dans le moindre de ses méandres ?

Son désir est un flot de chaleur qui se fait pressant et contre lequel notre âme ne veut pas lutter. Il faut accepter sa douce décharge, son élan de joie qui estompe les murs et rend pareil à une note cherchant sa place sur une portée. C'est un tourbillon qui nous absorbe. Nous sommes maintenant au sein d'une bulle et incapables de nous distinguer réellement les uns des autres dans un espace qui ne signifie rien de connu. Peut-être cette bulle n'est-elle, elle-même, qu'un support de notre mental, le code d'accès à un point de conscience qui explore et mémorise... Voilà... la bulle se dilate et nous devenons un œil unique logé quelque part dans une automobile, quelque chose de grand et d'impersonnel, sans doute un taxi.

La mère de Rebecca et sa propre mère sont là, à l'arrière, paisiblement installées sur une large banquette de velours gris. Elles paraissent discuter des mille et une choses de l'existence tandis que dehors la ville défile et fait songer à un ballet chatoyant, savamment réglé. Ça et là, au coin d'une large rue, un bouquet de palmiers s'élance dans le ciel sous les feux d'une armada de projecteurs. L'océan n'est sûrement pas loin. Parfois entre deux blocs d'immeubles, l'œil croit saisir une ligne d'horizon inespérée et découvre le scintillement enchanteur de ce qui évoque une immense baie.

« J'ai besoin d'être près d'elle, encore un peu... La voix de Rebecca s'insinue à nouveau en nous, poussée par une volonté sereine. J'ai quelque chose à lui donner et elle a besoin aussi d'être auprès de moi, même si elle ne le sait pas.

– Que veux-tu Rebecca ? »

La réponse de notre amie fait songer à un murmure. Elle ressemble à l'aveu timide d'un être qui parvient, pour la première fois, à extérioriser un élan d'amour.

« Je voudrais la soigner, la consoler un peu…

– Mais pourquoi tant de gêne ? On ne craint pas d'exprimer une colère pourquoi faudrait-il contenir une lumière qui veut s'échapper du cœur ?

– Je ne sais pas si je vais savoir me faire comprendre… C'est mon premier acte concret envers la vie de ce monde, c'est mon premier acte d'amour envers ma mère… Je crois que c'est maintenant que je vais l'adopter définitivement. Le devoir et un vague souvenir de je ne sais quel lien ont laissé place à autre chose. C'est vous qui me l'avez dit… je l'ai appelée "maman", n'est-ce pas ? Alors maintenant je veux la soigner, je veux lancer une vraie barque, pleine de tout ce que je suis, vers son rivage. Et peut-être m'entendra-t-elle mieux ?

Vous savez, je ne veux pas la soigner pour cette chute, ni pour une quelconque maladie. Je veux lui apporter ma force parce qu'elle se transforme et parce que comme toutes les femmes qui vivent ce qu'elle vit, son âme et son corps ont parfois besoin d'un pansement. Elle me donne un corps alors je lui offre de mon souffle.

Je voudrais que vous disiez aux femmes et aux hommes que ceux qui s'en reviennent vers eux savent parfois les porter dans leurs bras avant qu'eux-mêmes ne puissent le faire. On nous a enseignés pour cela et notre cœur fait le reste.

– Veux-tu dire Rebecca, que l'âme d'un futur enfant prend soin du corps de sa mère ?

– Non seulement du corps mais aussi de son être profond. Il y a des mondes de conscience déployée où l'on apprend cela. Aider la nature dans sa tâche sera un des grands objectifs de l'humanité à venir. Cette aide peut commencer ainsi, très simplement. Il y a fort longtemps je crois, un de mes amis de lumière m'a dit: "La Vie a une indigestion de spectateurs car elle est action, car l'Amour est action."

Si j'ai souhaité que vous puissiez m'accompagner jusqu'ici, c'est afin de témoigner de cela. Ce présent que je voudrais faire à ma mère, tout être qui aime peut l'offrir à une femme durant sa grossesse. Je voudrais tant que vous puissiez rapporter cette façon d'agir. Elle ne requiert aucune technicité, aucune habitude de dispenser des soins, seulement de la pureté de cœur et une pleine brassée d'amour. Regardez et ressentez, je vous en prie. »

Dans le grand véhicule qui glisse impassiblement sur l'asphalte des boulevards, quelque chose a changé. Les deux femmes se sont tues, laissant s'étendre entre elles la trame d'un silence vivifiant. Sans doute la présence de Rebecca caresse-t-elle leur conscience, sans doute y a-t-il une place entre elles pour la magie de l'instant.

De temps à autre, dehors, le scintillement des banderoles de la ville et des feux de circulation vient étrangement colorer les traits de leur visage, puis disparaît.

Une nouvelle fois alors, notre conscience semble vouloir s'expanser. Nous ne sommes qu'un point qui regarde, qui pense, qui ressent et voilà que de ce point veulent dorénavant jaillir de longues flammes mauves comme autant de bras pour agir.

« Regardez, ressentez, répète Rebecca, c'est tout une âme qui vient la soigner. Cette lumière que vous voyez, c'est celle s'écoulant de tout être qui veut apporter la paix et la consolation. Un corps qui en élabore un autre a souvent besoin d'être consolé, savez-vous... Non parce qu'il est malade, ni parce qu'il est triste. Je ne parle pas de cette "consolation-là", mais de celle qui représente une force de cohésion pour le corps et l'âme dont les énergies sont en perpétuel remaniement.

Regardez... Maintenant, je vais poser les mains sur les zones de son corps qui réclament la pacification et la libre circulation de la vie car il y a des carrefours dans le corps subtil d'une future mère où ce que vous appelez le prâna s'attarde parfois et stagne. Il faut les connaître. Dites à ceux qui veulent entendre qu'il s'agit d'abord du sacrum et de la nuque. Ces deux centres, il s'agit de les réconcilier simultanément, une main déployée sur l'un, la deuxième sur l'autre. Puis, c'est un troisième centre, un peu au-dessus de l'ombilic qui mérite l'attention. Celui-ci est un point d'arrimage de la conscience. Il faut donc lui insuffler la stabilité en appliquant la paume d'une main sur sa partie dorsale et l'autre sur son prolongement abdominal.

Enfin, ce sont les centres du front et de la plante des pieds qui demanderont à recevoir leur part de lumière... Mais j'ai la sensation de dispenser une méthode bien sèche et bien pauvre en vous énumérant ces choses. Laissez-moi vous dire...

Lorsque ceci m'a été enseigné, j'ai demandé à mes amis "Est-ce tout ?" Alors ils se sont mis à rire devant cette question où s'exprimait un besoin de complexité... "Oui, c'est tout, se sont-ils exclamés. En fait, ce n'est pas un acte thérapeutique mais un total geste d'amour qui en surpasse bien d'autres. Les chemins de cet amour-là sont toujours simples car ils parlent d'une logique enfantine." Rapportez précisément cela, je vous en prie, car il n'y a pas de communion qui soit trop petite pour ne pas être proposée. »

Rebecca n'est plus maintenant qu'une énergie qui s'offre... La lueur mauve de son être a empli tout l'habitacle de l'automobile puis s'est concentrée sur la banquette arrière autour d'une silhouette nonchalante. La jeune mère a fermé lentement les paupières puis poussé un long soupir car c'est l'instant où tout s'opère.

Alors, dans la clarté qui l'enveloppe, des formes mouvantes ont commencé de virevolter comme la baguette d'un chef d'orchestre. Tout acquiert un rythme à la fois précis et flou car chaque faisceau de lumière connaît sa destination avant de se répandre dans le Tout.

Il nous semble que la route pourrait s'éterniser sans que chacun s'en lasse mais le regard du chauffeur dans le rétroviseur en a décidé autrement, mais sa voix bourrue suggère d'autres réalités…

« Alors, elle s'est endormie la petite dame… on est arrivé ! »

Chapitre V

Février

« Qui peut dire ce qu'est l'âme, mes amis ? Qui d'entre vous peut me le dire ? »

L'être qui s'exprime ainsi déploie un regard de feu qui balaie toute l'assemblée. Avec sa peau halée et sa chevelure couleur de jais, il évoque en nous l'image de quelque Indien des Amériques à la fois fier, humble et secret. Nous ne savons au juste qui il est ni même quel est son rôle. Lorsque nous avons répondu une nouvelle fois à l'appel de Rebecca, il y a quelques instants, nous ignorions tout du lieu où elle nous attendait. Dès que la lumière nous a projetés à ses côtés et que nous avons pu ressentir la fraîcheur de ses mains, l'étrangeté du spectacle nous a ôté toute envie de questionner.

Se détachant de l'être à la chevelure brune, nos regards parcourent maintenant l'espace qui nous accueille. À vrai dire nous sommes peut-être deux ou trois cents à être assemblés ici, dans une vaste salle en demi-lune. De son pourtour, l'œil ne capte en vérité qu'une triple rangée de colonnes blanches s'élançant haut vers une voûte imprécise. La lumière qui enveloppe chaque chose est bleue, d'un bleu très doux ; elle est un confort à elle seule, une matière vivante qui fait de ce lieu un véritable écrin où l'on se sent bien.

« Qu'est-ce donc que l'âme ? reprend l'être. Peut-être est-ce ce souffle qui s'échappe d'un corps lorsque la mort survient ? Mais dites-moi, qu'est-ce alors que la mort ? Et où sont les morts ? La mort, c'est toujours ce qui se cache de l'autre côté du voile, quel que soit le côté de celui-ci où l'on se trouve. C'est ce point d'exclamation, d'interrogation, ce point d'effroi, ce possible pays pour lequel on a souvent l'impression de ne jamais avoir de visa ! C'est justement pour ce visa, mes amis que je vous ai appelés ici, afin que vous imprimiez en vous le plus beau qui se puisse concevoir. Ce n'est pas moi qui vous l'offrirai ou qui le graverai dans votre cœur, comprenez bien cela. Je ne suis, somme toute, qu'une sorte de… secrétaire à l'immigration si vous me permettez cette expression. Je ne fais que vous réintroduire aux secrets de la Terre. »

Un murmure amusé parcourt instantanément toute l'assemblée.

« C'est un de nos grands frères, dit Rebecca, dont la présence se révèle maintenant plus pleinement à nos côtés. Il est toujours comme cela, pénétrant, grave, doux et en même temps drôle !

Il rassemble régulièrement ici quelques-unes de ceux qui vont renaître à la Terre et qui sont en affinité à la fois entre eux et avec sa propre sensibilité. Pour ma part, c'est sans doute la dernière fois que je le vois. Mon corps physique est désormais si avancé que j'ai éprouvé beaucoup de difficulté à revenir en ce lieu. Ici, nous n'en sommes pas tous au même stade de retour.

– Mes amis, reprend l'être au visage hâlé, vous le savez, ce n'est certes pas pour vous faire absorber une conférence que j'ai souhaité votre présence une fois encore. Ma parole ne vaut que si elle touche et réveille en vous quelque chose de vivant, si elle permet de placer en vos mains des éléments de construction. Comprendre ne signifie pas simplement enregistrer, c'est emporter avec soi une lumière puis la dynamiser à son tour.

Si je vous ai demandé ce qu'est l'âme, ce n'est pas pour vous voir exercer votre intellect ni pour vous inviter à fouiller vos souvenirs mais pour vous préparer plus concrètement à la grandeur de ce que vous allez vivre... ou de ce que vous vivez déjà.

Au-delà du rideau que vous franchirez bientôt, chacun pense qu'il est un corps éventuellement habité par une âme. En deçà de ce rideau, ici même, chacun se dit au contraire qu'il est une âme et que celle-ci se trouvera contrainte un jour ou l'autre d'adopter un corps...

Ainsi, que faites-vous tous de part et d'autre ? Vous perpétuez la séparation, vous réensemencez la dualité. En vérité qu'en est-il ? En ce moment même, vous n'êtes pas plus une âme qu'un corps. Vous êtes un foyer de Vie qui a généré une personnalité épisodique avec une forme tout aussi épisodique. C'est cela votre âme, ce foyer de Vie que vous ne voyez pas encore et qui ressemble à une fabuleuse mémoire. Ce n'est donc pas cette apparence par laquelle vous m'entendez en ce moment et qui redescendra dans un nouvel habit mais un ensemble de réalités, un ensemble de couches de conscience qui vont adombrer un ensemble de particules denses. Votre âme, vous ne l'avez pas encore rejointe ; vous ne vous êtes pas encore trouvés face à face avec elle et c'est pour cette raison que je veux mieux vous la faire connaître aujourd'hui. Il importe que vous en gardiez une image plus forte et plus vraie jusqu'au-delà de la grande traversée. Non pas qu'elle soit votre but mais parce qu'elle représente une étape qu'il vous faudra savoir cerner, discerner puis dépasser. Mon souci aujourd'hui est de semer en vous une volonté que tous ceux qui ont la charge de ce monde estiment sacrée. Il s'agit de la volonté de préserver en soi le souvenir de la globalité de ce que l'on est. Il s'agit de la volonté de dépasser, à chaque instant de la vie qui s'ouvre, la dimension réduite de la personnalité incarnée. Il s'agit enfin de la volonté d'œuvrer sur soi afin d'œuvrer sur l'univers.

Ce que vous appelez "âme" ne recouvre en fait que les réalités inférieures de celle-ci, c'est-à-dire votre organisme émotionnel, votre dimension mentale, votre mémoire causale. C'est tout cela qui, en vous, s'incarne de la façon la plus dense et brouille les cartes. Ainsi, ce que vous dénommez "âme" serait plus justement appelé "âme personnalité". Elle est le metteur en scène de celui qui s'identifie à son masque transitoire avec le plus grand sérieux. Elle est aussi l'ego, cette sorte de glaise, de pâte si aisément modelable par tous les voyageurs, par tous les courants qui croisent sa route.

Mon but, mes amis, est que le nourrisson que chacun d'entre vous s'apprête à devenir, ancre en lui cette vérité afin qu'il transite du ventre de sa mère au monde des humains avec ce souvenir solidement arrimé au cœur. C'est là que tant de choses se jouent. Mon but est que le maximum d'entre vous naissent en conscience et préservent celle-ci de tout brouillage le plus longtemps possible.

N'en doutez pas, c'est dans les premiers mois qui suivront votre naissance terrestre que votre âme-personnalité mettra ou non le plus de chances possibles de son côté. C'est votre faculté d'éveil et votre volonté d'aimer, votre détermination à entretenir le "souvenir" qui, dès lors, positionneront votre soleil intérieur. À compter de ces instants, peu importent les circonstances de votre retour, car votre ouverture de conscience sera votre boussole. Elle gardera secrètement en vous l'axe majeur de votre direction et vous y ramènera sans cesse, malgré les méandres de l'existence.

Mon plus grand espoir est que vous ne naissiez pas à la Terre ainsi que l'on sombre dans le sommeil. Que votre retour ne soit pas un naufrage mais un accostage voulu et préparé !

Certains de vos frères en ce monde n'ont pas encore la chance qui est vôtre à cette heure. Ils sont jeunes dans la force d'amour et faibles dans leur capacité à ouvrir les yeux. Ils réclament toujours des voiles, des drapés, des parures ; ils se servent aussi quelques somnifères… ou quelques tonifiants de l'ego. N'oubliez pas que si vous ne les croisez pas ici, vous les retrouverez bientôt sur les chemins de Terre et que ce sont eux qui, sans le savoir, vous demanderont si vous avez bien préservé le "souvenir". Si vous pensez devoir les dévêtir de leurs peaux de bêtes, sachez que leur tâche vis-à-vis de vous sera identique. »

Rebecca se penche vers nous et, prise par une forte émotion, nous murmure quelques mots.

« C'est cela que je voulais vous dire… je veux naître consciente. Nous sommes de plus en plus nombreux à vouloir et à pouvoir venir ainsi. C'est cela qui doit nous aider à redonner sa forme et sa force au monde qui s'effrite. Désormais, croyez-moi, il importe plus qu'autrefois que les parents sachent capter les paroles de leur nouveau-né et leur disent quelque chose comme : "Je te comprends, je devine les images que tu portes encore en toi". Que par cela pourtant, ils n'en fassent pas des adultes dans leur mental galopant, qu'ils ne les transforment surtout pas en maîtres ni en créatures omniscientes… Ils ne sont que des enfants ! Mais qu'ils pressentent en eux une mémoire à ne pas entraver. Je sais trop bien que lorsque je me serai fondue dans mon petit corps, je comprendrai le regard qui me comprendra, non pas celui qui assouvira le moindre de mes caprices, qui sursautera au moindre de mes pleurs mais qui plongera son regard dans le mien, sans peur et sans volonté de fouiller mon âme, juste pour me dire aussi quelque chose comme : "La porte est vraiment ouverte" ».

Tandis que Rebecca achève de nous distiller ces paroles, un beau et profond silence s'est progressivement installé dans la vaste assemblée. Nos regards, alors, voyagent de colonne en colonne, de visage en visage. Les êtres qui sont là, sous cette voûte simple et majestueuse paraissent tous sans âge. Pas une ride n'imprime leur front, pas d'amertume au coin de leurs lèvres ni de poids pour leur fatiguer l'échine. Ils se tiennent tous là, tels des lopins de vie disponibles. Ces profils, ces visages, ces yeux offrent tous quelque chose d'identique, une sorte de bouffée d'air pur qui en fait les membres d'une même famille. Pourtant, à les contempler ainsi, femmes, hommes, enfants, que de différences ne constaterait-on pas aussi ! Chacun résume, à lui seul, mille histoires, mille vies et autant d'espoirs.

Ils apprennent une dernière fois à naître tout comme nous devrions apprendre à mourir, c'est-à-dire avec sérénité et avec une joie confiante.

Sous les rayons de la clarté bleue qui se faufile entre les colonnades, l'être à la chevelure de jais relève soudain le visage puis reprend la parole.

« Puisse cette vie que vous allez rencontrer vous mener au-delà de votre ego. Sachez que les circonstances que vous croiserez, vous introduiront en présence de votre propre gardien, je veux dire du gardien de votre âme véritable. Vous aurez toujours le choix de le reconnaître comme tel, c'est-à-dire de lui sourire ou de le regarder en ennemi, ce qui signifie ne pas le regarder du tout. Ce gardien, ne vous attendez pas à le rencontrer après une longue préparation consciente et dans des circonstances solennelles ou romanesques. Il apparaîtra peut-être sans visage et lorsque vous l'attendrez le moins car il est une masse d'énergie issue de vous-même. Il est l'ultime rempart que votre orgueil et votre égoïsme ont maçonné d'existence en existence et qui offrira enfin le spectacle de ses lézardes afin que vous le renversiez, à force d'amour, de volonté et de patience.

Ce sera un appel intérieur que vous entendrez ou étoufferez, ce sera peut-être une signature que vous aurez le courage d'apposer ou au contraire de refuser. Ce sera l'instant aux mille facettes qui vous donnera l'opportunité de vous souvenir de ce que vous n'êtes pas. Votre âme, mes amis, se tient au-delà des dernières résistances du "moi-je" qui vous fait encore agir. Elle est la quintessence noble et forte de chacune de vos personnalités transitoires, la porte du Soi, l'antichambre de votre Esprit.

Ainsi, à cet instant où je m'adresse à vous tous, je ne parle pas réellement à des âmes mais à des individualités passagères qui ont adopté telle forme, telle caractéristique afin de mieux retrouver leur axe. Il faut que vous inscriviez cela en lettres d'or sur votre "feuille de route" afin que cette vérité demeure comme un joyau dans votre cœur à chaque fois que vous pénétrerez dans votre nouveau corps. »

Tandis que l'être continue de s'exprimer et d'enseigner, nous prenons maintenant conscience avec plus d'acuité de la position exacte qui est nôtre. Dans la grande salle à la clarté bleue, nous sommes tous assis à même le sol, non pas sur des dalles mais sur un gazon. Rebecca a aussitôt saisi notre surprise et notre émerveillement. Comme si elle comprenait soudain la puissance de ce mariage entre la nature et une réalisation humaine, elle se met à caresser horizontalement de la main quelques brins d'herbe.

« C'est cela que l'on oublie vite, voyez-vous, lorsque l'on n'est pas encore *dans* son âme. La chance de vivre ici, où tout s'unit selon les souhaits du cœur, s'estompe aussi aisément que la chance que l'on peut avoir de vivre sur Terre. Alors, nous redescendons indéfiniment jusqu'à ce que plus rien ne se fane, jusqu'à ce que l'on cesse de toujours espérer “quelque chose d'autre”. C'est lorsque l'on tombe dans les terrains vaseux de l'habitude que l'on vieillit et que l'on meurt…

Je voulais vous amener jusqu'ici afin que vous puissiez ressentir avec moi l'un des derniers véritables contacts que je vais avoir avec ce monde, puis aussi pour que vous puissiez apercevoir cet être qui est sans doute l'un des plus grands guides que nous ayons. C'est un homme comme nous tous mais il a su se rencontrer alors que nous sommeillons encore. Lui aussi retournera sur Terre lorsque les circonstances s'y prêteront, mais à vrai dire, je ne sais rien de lui. Depuis que je suis son enseignement, j'ai remarqué à quel point il essaie de nous renvoyer sans cesse à nous-même, c'est-à-dire de déblayer tout autour de nous une multitude de supports que nous croyions jusqu'ici être des certitudes inébranlables ou des vérités absolues. Ainsi, il y a peu de temps encore, je m'imaginais que plus j'avancerais dans la compréhension des rouages de la vie plus j'apercevrais avec précision la complexité de ceux-ci. Pourtant il n'en est rien et je vois que c'est exactement le contraire qui se passe. Je conçois de plus en plus une grande simplicité qui préside à tout.

Il y a des lieux dans d'autres zones de ce monde où l'on se plaît encore à imaginer une certaine technologie afin de reprendre un corps de chair. Ce sont comme des cliniques dans lesquelles on aurait oublié les caractéristiques fondamentales des modulations et des métamorphoses de la vie. Ces lieux n'existent que pour ceux qui éprouvent le besoin d'être rassurés sur leurs propres facultés de transformation. Ici, vous voyez, on nous apprend plutôt à être seuls, c'est-à-dire avec le Principe qui meut l'univers entier.

Je sourirais presque en m'entendant parler ainsi car je m'aperçois à quel point je récite une leçon que je n'ai pas encore parfaitement intégrée. Dès que je veux dénuder un peu plus mon... âme, je prends peur et je m'empresse de rebâtir quelques béquilles pour bien m'arrimer. Je crois que la vie qu'il nous est demandé d'apprendre est un lent effeuillage des fausses certitudes. Il nous faut savoir ce que marcher dans le vide veut dire avant de comprendre que le vide lui-même n'existe pas.

– Laissez-moi vous dire quelques mots de ce fameux atome-germe... »

La voix de l'instructeur à la chevelure de jais vient de retentir avec force entre les colonnades. Rebecca se redresse et nous lisons dans son regard une flamme qui ne trompe pas, elle parle d'une croisée des chemins et d'un but plus clairement perçu.

« L'atome-germe est une mémoire, une prodigieuse, une fabuleuse mémoire que l'Esprit dont chacun d'entre vous est issu a implanté puis développé dans les âmes qu'il a engendrées. Cet atome est le résumé de vos origines joint à la somme totale et infiniment précise des expériences que celles-ci ont générées depuis toujours. Mais, mes amis, permettez-moi de vous emmener plus avant dans la compréhension de ce fait. Lorsque nous évoquons une telle réalité, nous disons toujours "l'atome-germe" de façon un peu trop schématique. Le véritable "atome-germe" qui est l'apanage d'une âme, se démultiplie lui-même en autant d'autres atomes-germes que l'ego en réclame pour l'incarnation.

Il existe donc un atome-germe pour le corps physique, un autre pour l'organisme éthérique puis pour l'émotionnel et ainsi de suite pour toutes les manifestations de l'âme-personnalité. Chacun de ces atomes, voyez-vous, est un accumulateur d'informations qui persiste, identique à lui-même bien que de plus en plus chargé, d'existence en existence. Tous les atomes-germes, toutes leurs mémoires, convergent afin de faire de vous ce que vous êtes ou ce que vous serez. Certains vont parfois s'unir si étroitement qu'on en vient à les confondre. Ainsi, par exemple, ce que sur Terre les hommes appellent globalement "mémoire cellulaire" représente le fruit des données de l'atome-germe éthérique et de l'atome-germe physique. La mémoire cellulaire est la résultante des traces – plus souvent des cicatrices – que les vies ont laissées sur un moule vital et sur les cellules matérielles dont celui-ci a permis le développement. Cela vous permet de mieux comprendre le pourquoi de ce qu'on appelle parfois "réaction épidermique" et qui n'est pas nécessairement, en premier lieu, la conséquence d'une émotivité mal contrôlée.

L'atome-germe de votre corps physique qui s'élabore actuellement, mes amis, a été à nouveau insufflé dans le monde matériel à travers la semence de votre père. Celle-ci, voyez-vous, l'a recueilli en totalité dès la conception astrale qui a précédé la conception physique.

Mais je pressens déjà l'une de vos questions… Non, clarifiez tout cela en vous. L'atome-germe du corps physique ne véhicule pas d'informations de nature génétique. La génétique est une tout autre histoire.

Actuellement vos semblables, sur Terre, diraient que chaque atome-germe est à lui seul une "banque de données" provenant d'un niveau de vie ou de conscience bien spécifique.

Vous devez savoir que si les caractéristiques physiques d'un être se retrouvent parfois d'une existence à l'autre, c'est justement parce que l'atome-germe du corps, physique s'exprime pleinement et se trouve soutenu dans sa manifestation par les atomes-germes des autres corps surtout si ceux-ci ont été fortement impressionnés par des circonstances particulières. Ainsi, certaines taches sur le corps physique sont tout simplement la retranscription de fortes blessures datant de la vie précédente.

Il existe un moyen de désamorcer l'action de la mémoire cellulaire et ce moyen, mes amis, est encore à votre disposition tant que vous n'avez pas pris pleinement possession de votre fœtus. Son nom ne vous fera plus sourire comme il l'aurait fait en d'autres temps. Vous l'avez pressenti, il s'appelle Amour, amour des autres en vous-même, amour de vous-même à travers les autres, amour de la Vie. C'est lui qui peut encore vous guérir d'un sentiment de culpabilité, de quelques vieilles rancœurs ou de certaines rancunes tenaces qui gèlent toujours le déploiement de votre âme.

C'est lui enfin le désamorceur de l'émotion animale et des circonvolutions perverses du mental qui ouvrent le champ libre aux manifestations de la mémoire cellulaire.

Apportez la paix en votre cœur et vous l'apporterez à votre corps. Apportez la paix à ceux qui vous accueilleront et vous l'apporterez alors à votre cœur. Cessez donc d'être semblables à ces scorpions qui se retournent contre eux-mêmes et se piquent de leur propre dard. Traversez le feu du Pardon. Vous êtes ici assemblés parce que vous avez parcouru un certain chemin qui vous permet non pas d'écouter ces choses mais de les entendre. Vous êtes ici assemblés parce que vous vous apprêtez à investir un corps dont vous aurez la possibilité de tenir les rênes un peu plus qu'autrefois.

C'est maintenant qu'il faut ancrer fermement en vous la volonté de ne pas en subir les passions. À chaque plongée dans le ventre de votre mère, la Vie vous demande dorénavant de dire non aux raz de marée de l'ego. Il faut cela pour qu'à l'heure où vos paupières s'ouvriront sur le soleil des hommes, vos yeux reflètent à jamais la réalité de l'Astre mille fois plus puissant. »

L'être a lancé ces dernières paroles comme autant de fleurs qui s'immobilisent dans le cœur de chacun. L'assemblée qui ne disait mot semble vibrer maintenant d'un silence plus intense encore. Rebecca, cependant, lève un œil malicieux vers nous. Ses lèvres tremblent un peu, retiennent un cri, un chant, elle est heureuse de nous avoir amenés ici, parmi ceux qui vont franchir le portail, spectateurs muets et transparents de quelques instants rares.

Déjà, l'être à la chevelure de jais s'est faufilé parmi les colonnes blanches et disparaît au cœur de la foule qui l'y a suivi dans un paisible désordre.

En une fraction de seconde, nous sentons que Rebecca n'est plus à nos côtés. Sa silhouette féline qui nous semble plus jeune, plus adolescente encore que l'instant auparavant, se devine à peine parmi celles de ses compagnons de route. Partout il y a des rires et des accolades, des flots de lumière qui s'échangent, une puissante joie de vivre capable de tout emporter.

Où sont donc ces visages compassés, ces allures tristement recueillies, ces regards perdus dans quelque mystérieux lointain que l'on nous promet à la moindre évocation de « l'autre monde » ? Ils n'existent pas. Ici, ils ont disparu avec les dogmes. Ils se sont enfuis, se sont évaporés derrière la Vie qui s'exprime et veut se retrouver telle qu'en elle-même. Au-delà de l'enceinte des colonnades un gazon tendre s'étend encore un peu, s'étire en longues langues puis, c'est le sable, le sable et les dunes à perte de vue. Quel étrange décor ! Les êtres de lumière se sont-ils plus à sculpter ici ? Il suggère une sereine solitude alors que tout est si pleinement peuplé.

« La nudité du sable est un préambule logique au silence des mondes intérieurs, ne pensez-vous pas ? »

À nouveau Rebecca apparaît à nos côtés. Nous avait-elle seulement quittés ? Le corps de la conscience virevolte toujours avec une telle dextérité que le simple regard humain y voit sans cesse un prodige.

« Mes amis s'en sont déjà retournés chez eux, reprend Rebecca. Ils demeurent maintenant dans le cocon que leur cœur a façonné entre la Terre et ici. C'était une pause pour nous tous, une façon de réunir la famille, de se rappeler les rendez-vous, les promesses.

– Tu viens de dire : la Terre et ici, mais c'est quoi pour vous au juste “ici” ?

– Je ne sais pas… À parler franchement, nous n'avons pas de nom pour cela. En fait nous avons toujours la sensation d'être sur Terre. Réellement, je crois que nous y sommes autant que vous. Des deux réalités, y en est-il une qui soit plus vraie que l'autre ? C'est "plus haut" que tout se passe, je l'ai bien compris.

– Rebecca, nous voyons que ce monde-ci correspond à des êtres qui ont déjà eu la possibilité de développer une conception affinée de la Vie. Vous savez tous par conséquent que vous revenez sur Terre mais sans doute n'en est-il pas ainsi dans d'autres sphères de conscience. As-tu la possibilité de nous parler de cela ?

– Non seulement je le peux mais je suis heureuse d'évoquer cela avec vous, d'autant plus que cette notion de retour dans la matière m'a posé au début quelques difficultés. Pendant un temps, je n'ai pu ni la comprendre, ni l'accepter et je dois dire que pour beaucoup d'entre nous cela a été la même chose. Dans le milieu où j'ai vécu, absolument rien n'a pu me préparer au concept de la réincarnation. J'ignorais même que cela put exister. Ma dernière existence a été celle d'une simple villageoise sans instruction. Nous avions quelques terres qui nous permettaient de vivre confortablement et le culte du dimanche demeurait la seule occasion que nous nous autorisions pour songer à autre chose qu'au quotidien. J'avais un oncle pasteur et tout ce qui ne passait pas par le Temple était de toute façon voué aux flammes éternelles. Cela coupait court à toute discussion et d'ailleurs personne n'y trouvait à redire puisque cela paraissait un mode d'emploi pratique et simple pour sauver son âme. Aussi, après ma mort, dès que j'ai commencé à découvrir les mondes de la lumière, des raideurs se sont révélées au sein de ma conscience. J'ai admis aisément que la vie ne cessait pas car c'était l'évidence même, j'ai admis aussi que cette vie pouvait se manifester de mille façons car j'expérimentais sans cesse cette vérité mais l'idée que je pouvais ne pas être arrivée au bout du voyage me révoltait. D'ailleurs, ce ne fut que progressivement que des êtres, semblant toujours croiser mon chemin "par hasard", me le suggéraient. Je comprends aujourd'hui comment ces rencontres apparemment fortuites s'agençaient selon un plan extraordinairement bien pensé par une Volonté sachant tout de moi.

Tout se passa tant et si bien qu'un jour, si je puis employer cette expression, c'est la nécessité de naître à nouveau dans un corps de chair qui m'a paru une évidence. Ce fut d'abord une évidence lourde à accepter puis l'effet d'une logique formidablement belle parce qu'elle représentait la loi d'équité totale, un merveilleux moyen pour atteindre le but que ma religion m'avait si pauvrement enseigné.

Depuis, quelque chose a explosé en moi et je ne me sens plus de véritable frontière. Je ne vis plus que pour le "But" et ce qui est extraordinaire, c'est que ce n'est pas triste. Malgré mes tâtonnements, je touche la Lumière sans cesse un peu plus. En reprenant un corps dense, il ne faut pas que je garde la nostalgie de tout cela mais la certitude claire que je peux changer quelque chose à la vie et faire beaucoup pour cette lumière.

Regardez comme le sable s'estompe autour de nous. Mon âme, ou ce qui y ressemble ne veut plus vraiment de ces lieux où j'ai pourtant aimé vivre et apprendre. Mon âme vous entraîne avec elle, vers sa destination ; je n'y puis rien car mon corps de chair est désormais tellement dessiné qu'il me rappelle de plus en plus son existence. Cela fait bientôt cinq mois, savez-vous, et à chaque fois que mes yeux se ferment sur ce monde pour s'ouvrir au-dedans de moi, je le vois dans sa bulle de lumière, j'en devine déjà les traits, je lui suggère un visage.

Alors, j'entreprends à ma façon de le modeler un peu et tout cela se fait selon la force de mon cœur. Je peux être heureuse car nombreux sont inconscients de leur retour et subissent leur naissance sans savoir ce qu'elle signifie. »

Au fil des paroles de Rebecca, les dunes et les colonnades s'en sont allées, emportées par quelque longueur d'onde de la Vie. Notre amie nous a une fois de plus englobés dans le champ de sa propre lumière. Elle nous a fait voyager dans son tunnel blanc entre deux mondes, un tunnel qui maintenant s'expanse en tous sens comme une volonté qui respire…

« Sont-ils nombreux ceux qui ignorent leur retour ?

– Ils le sont. Tout autant que ceux qui, abandonnant leur corps de chair, s'imaginent que tout va s'éteindre. Je les ai aperçus parfois, ces êtres. Mes guides m'ont fait traverser leur champ de compréhension à plusieurs reprises.

Certains ne peuvent supposer qu'il y ait un retour puisqu'ils n'ont pas même pris conscience de leur départ ; alors, la lumière de quelques grandes âmes vient les endormir pour les arrimer à un fœtus et les faire naître de nouveau. D'autres, cependant, savent que leur temps est venu mais se refusent à l'admettre par crainte des embûches. Ceux-là aussi sombrent dans le sommeil mais ils s'en aperçoivent et se crispent dans un dernier refus. Ce n'est pas la peur de ce que l'on est qui fait craindre l'incarnation mais la peur de continuer dans ce que l'on n'est pas. Moi aussi, j'éprouve parfois une frayeur, un sursaut qui me fait dire "Non, pas encore, ma maison n'est pas par là !", puis tout passe comme une vague qui se retire et le visage de mes parents vient vers moi.

Je puis vous raconter l'histoire d'un de mes amis d'ici qui a pris peur au dernier instant. Elle est quelque peu douloureuse et illustre bien ce qui se passe parfois. Rapportez-la je vous en prie, car l'amour que des parents peuvent offrir à l'être qui vient vers eux, car le dialogue intérieur qu'ils peuvent lui proposer bien avant son arrivée, pourraient souvent éviter une semblable chose. J'ai appris que la souffrance n'est pas une nécessité ; elle naît de l'impasse dont il faut que nous sortions tous. Elle n'est pas notre maître de classe mais le fouet stupide dont on se flagelle soi-même.

Cet ami, ce frère d'ici dont je vous parlais, croyait avoir bien ouvert son cœur et sa compréhension du monde lorsque l'heure sonna pour lui de choisir un nouveau vêtement de chair. Un sentiment nourrissait cependant sa marche en excès. Comme chez la plupart d'entre nous, c'était l'orgueil. Oh, pas un orgueil plein de fanfaronnades ! Non, quelque chose de beaucoup plus subtil. Cela prenait la forme d'un défi qu'il se lançait à lui-même. Ainsi, malgré l'avis de ses guides et afin de progresser plus vite dans l'affinement de son être, il avait résolu de cumuler les épreuves dans la vie qui l'attendait. Il se sentait tellement fort, tellement conscient de ce qu'il y avait à faire en lui et des erreurs qu'il devait réparer qu'il s'était en quelque sorte programmé une véritable course d'obstacles. Lorsque vint l'heure de sa naissance et qu'il sentit progressivement tout le poids de sa destinée s'abattre sur lui, il se mit à comprendre quelle avait été sa vanité. Il vit alors qu'il avait choisi davantage pour lui que par amour. Le poids de cette vie qu'il entrevoyait déjà se transforma bientôt en une frayeur qui l'amena à une sorte de suicide : lorsqu'il sortit du ventre de sa mère, il avait le cordon ombilical étroitement serré autour du cou… Ce fut sa façon de dire : "Non, je ne veux plus."

Chacun a ses propres raisons mais des histoires analogues à celle-ci, il en existe bien sûr des milliers. Elles ne témoignent pas toujours d'un refus catégorique de naître mais d'une simple anxiété suivie d'une hésitation. C'est cela, voyez-vous qui provoque ce que l'on appelle les accouchements par le siège. L'âme rebrousse chemin dans une dernière crainte. Elle bégaie sa naissance. Souvenez-vous de ces ultimes questions qui nous assaillent tous : "Qu'est-ce qui m'attend maintenant ? N'y avait-il pas mieux à faire ? Pourvu que je réussisse !" Certains vont jusqu'à refuser de respirer… avec toutes les conséquences que l'on imagine. C'est pour ces questionnements que la lumière intérieure et la chaleur des parents doivent guider un être dès les premiers temps où ils savent que celui-ci vient vers eux. L'hygiène de vie que vos médecins demandent à une mère est, me semble-t-il, bien trop souvent amputée d'une hygiène de l'âme. La plate quiétude qui est seulement préconisée résonne en mon être avec tant de fadeur ! C'est le sens du partage, la joie de l'accueil qui vont former le seul berceau que chacun réclame au fond de lui. Les parents ne fabriquent pas, ils ouvrent une porte et donnent.

S'ils n'ont pas compris cela, ils s'approprient ce qui ne leur appartient pas puis entravent l'expansion de la Vie. Je crois qu'il faut de l'humilité pour extraire de l'amour ce qu'il y a de plus pur…

Vous voyez ce grand espace blanc qui nous entoure et dans lequel nous avançons tout en ayant la sensation d'être immobile ? Eh bien, c'est le même que ce petit couloir où nous nous sommes rencontrés la première fois. Tout cela parce que je respire mieux en me défaisant de certains schémas trop volontaires ou trop directifs. Mes parents ne seront pas les parents de cette Rebecca qui voulait absolument ceci ou cela mais leur enfant ne sera pas non plus la petite fille dans laquelle ils projettent ce qu'ils sont. Je ferai tout pour ne pas devenir l'axe de leur vie. Chacun de mes amis qui s'incarne en ce moment a émis un souhait identique. Ensemble nous avons vu, un jour, des images probables des temps qui s'ouvrent. Nous avons tous été frappés par la grande autonomie qui sera demandée à chaque être humain, quel que soit son âge. Nous n'avons pas vu la dissolution de la famille, bien au contraire, mais l'élargissement de sa conception, c'est-à-dire l'indépendance de ses membres et le recul des liens qui ne se basent que sur une fraternité de sang. Là-haut, qui d'entre nous n'a pas reconnu maintes et maintes fois en un ami, le frère, la sœur, le père ou la mère qu'il avait eu autrefois, quelque part sur Terre ? C'est précisément cette notion de famille que nous voulons recréer ; les autres maintenant ne nous intéressent plus guère. Ce n'est pas qu'elles soient dénuées de beauté mais, voyez-vous, elles ont des frontières ! Leurs racines sont trop à fleur de terre et elles ont donné le maximum de ce qu'elles pouvaient offrir. »

Dans le grand espace blanc qui semble palpiter autour de nous, les paroles de Rebecca sonnent singulièrement. Nous songeons à une immense salle d'attente dont les murs mal définis et vierges, renvoient à lui-même le regard qui les fouillerait. Mille petites présences paraissent nous frôler comme autant de papillons invisibles, peut-être les embryons de quelque lointain passé ou les trames d'un futur qui s'ébauche. Et si la voie d'accès à la vraie Vie était ici, à ce carrefour, dans l'instant présent qui s'éternise ?... Ni haut ni bas, ni nuit ni jour mais un point focal au cœur duquel on s'aperçoit enfin soi-même avec ses propres ruses et ses laideurs, ses merveilles et aussi cet incroyable potentiel !

« Il fait beau ici... et j'ai sommeil, dit doucement Rebecca. J'aurais cependant encore tant à vous raconter. Je sens ce sommeil comme un liquide s'infiltrant en moi pour tenter de tout anesthésier. Mon mental s'emballe et c'est sa course qui va être stoppée. Il s'emballe... Il y a tant d'images qui défilent en moi. Ce sont je crois, des scènes des temps jadis. Elles se succèdent éparses avec des visages et des regards si différents, des soleils aux teintes tellement étranges, des hommes, des femmes, des épées, des fagots de bois, des palais et des grottes. Est-ce que ce sont des morceaux de moi-même qui traînent ainsi ? Il n'y a pas de douleur dans mon cœur, mais une hésitation, peut-être un mot que je n'arrive pas à trouver. Il y a aussi cette pression d'une main sur ma poitrine. Cela revient sans cesse puis une volée de sable et cette écume qui se mêle à mes cheveux ! C'est étrange... presque une nausée et en même temps cette sensation d'un bonheur si proche ! Il faudra attendre... »

Rebecca ferme les yeux et sourit, emportée dans les replis du sommeil qui la gagne. Sans doute vit-elle ici plus que jamais, goûtant à une sorte d'ivresse qui estompe les tourments et rapproche les couleurs de l'arc-en-ciel.

Dans le drapé de sa robe, elle s'est lovée sur elle-même, tel un chat qui projette un long voyage vers on ne sait quel rivage. Elle nous fait presque songer à ces petites créatures qui tirent d'elles-mêmes la substance dont elles tissent leur cocon. La lumière qu'elle sécrète devient un lit douillet, une sphère duveteuse où la silhouette du corps appelle l'anonymat. Plus d'âge, plus de sexe, plus de regard pour traduire quelque magie... Rebecca est une conscience, un champ de force qui vogue afin de découvrir un autre port.

Dans la sphère de clarté blanche que sa forme a générée, des courants semblables à de discrets éclairs rosés apparaissent, s'en vont, puis reviennent. Enfin, son œuf de lumière nous donne la sensation de tourbillonner sur lui-même jusqu'à percer un chemin que lui seul connaît. C'est une chute muette et belle, une plongée dans les entrailles du temps, de l'espace, de la matière... peut-être dans tout cela à la fois. Mais y a-t-il au juste une différence ?

Quant à nous, spectateurs attentifs du miracle pourtant si banal et si quotidien de l'incarnation, nous croyons presque marcher sur un fil. Des rires, des bribes de paroles éparses nous rejoignent puis s'envolent tels des instants de vie flottant au gré des mondes traversés. Enfin, au bout d'une heure comme au bout d'une seconde, tout se comprime au sein d'une lueur froide qui apparaît aux confins du tourbillon. Chaque forme se densifie, se redessine. Ainsi se tisse le décor d'une chambre que la lune éclaire faiblement au travers d'un rideau mal tiré. Deux corps dorment là, blottis l'un contre l'autre et soudainement enveloppés d'une radiance nouvelle. C'est quelque chose de bleu, de jaune, d'irisé qui à n'en pas douter vient les caresser, leur faire une promesse, peut-être même bavarder. Les deux corps sont désormais trois... ils habitent leur rêve, se retrouvent, s'apprivoisent...

Chapitre VI

Mars

« Venez, je vous en prie, venez... »

Une petite voix s'est immiscée dans chacune de nos cellules avec les accents d'une plainte douce. Elle fait songer à un souffle qui cherche sa propre réalité.

« Rebecca ?

– Venez... »

C'est bien elle. Cette sonorité qui sort de l'âme, désormais nous la reconnaîtrions entre mille. Elle émerge en nous et autour de nous si enveloppante, si présente et pourtant tellement « ailleurs ».

Venir ? Mais comment le pourrions-nous davantage ? Il y a toute cette intimité...

« Venez donc, c'est moi qui vous invite ! C'est aussi ma maison maintenant... S'ils savaient, ils seraient si heureux ! »

Dans la chambre aux légers rideaux de coton mauve, tous les feux de la nuit palpitent. Ils vont et viennent, se mêlant inlassablement aux motifs des tapisseries, miroirs fidèles des enseignes de la ville. Dehors des sirènes retentissent au loin et une fine pluie froide vient frapper aux carreaux des fenêtres.

« Rebecca ?

– Je suis là... en elle... c'est si bon ! »

Juste en dessous de nous qui cherchons encore timidement nos places, il y a deux lits jumeaux collés l'un à l'autre et deux silhouettes repliées sur elles-mêmes, à demi-enfouies sous une couette. Notre amie est là, quelque part au plus profond d'un de ces corps immobiles, fondus dans l'immensité de la nuit et du sommeil. Elle ne dit mot mais nous la sentons heureuse et rassurée dans son écrin de chaleur. Nous la savons à la fois presque en léthargie et aussi incroyablement en éveil, prête à saisir tout ce qui peut être vécu.

Cependant, partout autour de nous, dans cette chambre où la vie paraît s'être engourdie pour quelques heures, une infinité d'étincelles dansent. C'est une sarabande paisible qui anime le moindre des objets et vibre jusqu'au cœur de l'obscurité. C'est la danse éternelle, danse des atomes de la matière, rappel de l'illusion des formes et témoin de leur sève profonde.

« Je veux vous dire, mes amis... je veux vous dire ce que toute femme aimerait entendre. Puissent les mots que je cherche faire naître l'amour et rendre plus vivant ce qui parfois semble si lointain.

C'est elle, c'est ma mère qui m'a donné cette idée. “Je voudrais savoir, disait-elle l'autre jour, je voudrais savoir comment *il* se sent en moi, ce qu'*il* entend, ce qu'*il* voit, ce qu'*il* comprend. A-t-il seulement conscience de lui-même et de ce qui l'attend ?”

C'est pour cela surtout que j'ai souhaité votre venue cette nuit, parce que je voudrais rester plus longtemps dans le lit de son ventre et vous dire, vous raconter, afin que beaucoup sachent... Et puis peut-être aussi pour autre chose. Je ne sais pas. J'ai l'impression qu'un événement peut survenir. Depuis quelques semaines, il me semble pressentir la venue des choses bien avant qu'elles ne se réalisent. C'est encore flou mais, plus j'habite en ma mère plus je crois deviner les trames d'un proche présent. La matière de mon corps qui s'alourdit devient une antenne en ce monde, alors je vois maintenant des schémas de vies et de rencontres, qui défilent en moi. Parfois ce sont des choses anodines, le chat qui s'apprête à traverser la rue à quelques pas d'ici ou l'ascenseur qui va encore tomber en panne, mais ce peut être aussi deux voitures qui vont se télescoper.

– Il semble pourtant n'y avoir aucune crainte en toi, aucune tension.

– Pas pour cela. Dans ces moments, je suis tel un œil étranger à toute possibilité de trouble. Non par indifférence, mais comme si ces événements correspondaient à des nécessités, pour un but sûrement très lointain mais aussi très lumineux. C'est pour cela qu'il nous faut tous les vivre en paix. Même le chat, je sais alors qu'il ne traverse pas la rue par hasard à tel endroit, à telle heure. Il y a quelque chose qui le demande au monde à travers lui, tandis que lui, n'est peut-être né que pour cet instant-là. Je ne vois pas comment traduire cela autrement. Je sais qu'il n'y a pas de fatalité, non, pas de fatalité mais un merveilleux agencement auquel chaque créature, chaque particule de l'univers souscrivent, depuis le Commencement.

C'est avec ce que mes parents vivent tous deux que je peux me blesser. Rien d'autre ne m'atteint sinon mes propres doutes en moi-même.

– Parle-nous de ce que tu ressens dans le ventre de ta mère, Rebecca. Il y a longtemps que nous le souhaitons.

– Oui, c'est de cela dont je dois vous parler, mais il faut que je commence par vous dire ce qui se passe dans mon nouveau corps parce que c'est d'abord lui que j'habite avant de loger en ma mère. C'est d'abord lui que je dois apprivoiser et auquel je dois aussi me plier.

À chaque fois que j'en prends possession, je m'y faufile par le sommet du crâne, même lorsque celui-ci n'était qu'une ébauche. Ce n'est pas volontaire, cela correspond à une sorte d'aspiration automatique qui ne me laisse pas le choix. Tout se passe dans la zone précise de la fontanelle. J'y perçois intuitivement un tourbillon qui m'appelle et contre lequel je ne peux rien. Au début, c'était plutôt douloureux. J'enfilais comme un gant qui, à chaque fois, s'annonçait trop petit pour moi. Alors, je me débattais sans savoir si c'était pour m'en extraire ou pour y pénétrer plus profondément afin de mieux m'y ajuster. Le problème était que plus je me débattais, plus je me sentais prise dans un filet ou dans de la poix. Alors, je commençais à étouffer. Parfois, il me semblait aussi que tout allait exploser car mon âme était trop vaste et ma conscience trop pleine. Le battement du cœur de ma mère, le flux du sang dans ses artères, sa respiration et le bruit de tous ses viscères venaient en moi comme une agression, un souffle confus et pourtant rythmé qui me faisait songer à un râle. Heureusement cela a disparu… Non pas ce souffle ni ce rythme, mais ma façon de les ressentir. Maintenant, ils sont le ressac des vagues sur la plage, une musique qui m'attire presque et en tout cas me rassure lorsque le doute m'envahit.

– Crois-tu que nous l'éprouvons tous, ce doute, lorsque comme toi nous revenons ?

– Je le pense. Il m'est arrivé d'avoir des contacts avec des amis “d'en haut” qui vivaient leur réintégration sur Terre. La plupart m'en parlaient. C'est d'abord une crainte de ne plus parvenir à s'habituer à des contingences lourdes… le poids d'un corps, sa limitation, l'impression d'avoir les mains liées. Puis vient la peur de tout oublier, tout ce qu'on croit avoir compris, les résolutions, les pièges qui vont nous attirer. Vous imaginez aisément la chaîne sans fin de ces questions !

Lorsque de tels moments surviennent, je finis quant à moi par sombrer dans le sommeil. C'est un refuge qui s'ouvre seul, une sorte de verrouillage de protection, si vous voulez. Dès que je le peux, je préfère aller rejoindre mes futurs parents, comme cette nuit par exemple, me faufiler parmi les radiances de leurs corps et même regagner mon propre fœtus.

Il est désormais de longs moments où celui-ci devient un véritable étui de douceur, un berceau où je peux me laisser aller sans contrainte, ni retenue. Je ne sais au juste si c'est mon corps qui me procure ce confort ou simplement ce qui rayonne de… maman, mais j'opterais plutôt pour la deuxième solution.

Je vous le disais, en fait je crois être très sensible aux bruits de son organisme. C'est une maison dont chaque particularité, chaque sonorité devient un point de repère. C'est cela qui rassure. Il y a des moments où je m'amuse véritablement à suivre le déplacement des courants et des rythmes à travers tout son être. Ma conscience s'élargit et parvient parfois à se projeter au cœur de certains de ses organes. C'est très beau à vivre, je vous assure. Il me semble alors que je me déplace dans les différentes pièces d'un appartement. Il n'y a pas d'obscurité mais au contraire des choses merveilleuses à découvrir. Dans ces instants-là, tout se métamorphose au contraire en lumière et j'ai la sensation de me mouvoir dans un monde fait de cristaux et de minéraux aux couleurs incroyables. J'ai bien conscience de visiter le cœur de la matière et je comprends que cette chance n'est pas donnée à tous ceux qui vont naître. Pourtant, je sais aussi que cette expérience n'est pas exceptionnelle et que beaucoup en gardent inconsciemment la nostalgie au fond d'eux-mêmes. C'est toujours la cadence respiratoire de ma mère et le souffle grave qu'elle engendre qui sont à la source de cet état de conscience.

– Mais, Rebecca, hormis ces instants de "voyage", lorsque tu habites ton corps, ne perçois-tu que l'obscurité ?

– Je vis dans une obscurité de velours si je m'abandonne à l'instant présent, dans une obscurité glacée dès qu'un sentiment de peur m'envahit mais dès l'heure où mon esprit s'éveille à certaines réflexions, la nuit se peuple de mille soleils dans lesquels je me baigne tout entière. »

Rebecca vient de prononcer ces paroles avec une telle paix et un tel amour dans la voix que nous éprouvons le besoin de laisser quelque peu filer le temps, silencieusement.

Au cœur de la chambre aux rideaux mauves, rien n'a changé. C'est à peine si les silhouettes pelotonnées sous la couette des lits se sont remodelées tandis que le bourdonnement intempestif du réfrigérateur de la cuisine toute proche parvient épisodiquement jusqu'à nous. Cependant, dans la pénombre visitée par les mouvantes lumières de la ville, une grande photo placardée à l'un des murs capte notre attention. Elle représente un beau lever du jour sur la mer alors qu'en premier plan l'écume des vagues vient lécher le sable. Rien que de très banal, en somme, mais d'une banalité qui semble avoir touché les habitants de l'endroit à en juger par l'importance qu'elle prend sur tout un panneau.

Dehors, la pluie semble avoir cessé et, si ce n'était la présence de Rebecca, nous laisserions la quiétude de la nuit opérer seule son œuvre en ces lieux. Notre amie, à n'en pas douter, veut communiquer à tout prix, veut vider le trop-plein de son cœur et notre tâche ne peut s'accomplir qu'à ses côtés.

« C'est notre squelette qui nous gêne vers le sixième mois, fait-elle doucement et avec une pointe d'amusement dans le ton. Oui, ce sont mes os en formation qui me procurent la sensation la moins agréable. Je les perçois non comme une charpente qui va m'aider mais telle une pétrification de mon être, presque des barreaux qui vont figer mon âme sur Terre, l'empêcher de voler et de s'expanser à sa guise. Je devine davantage ceux de mon bassin et du bas de mon dos, comme si ma force physique et ma vitalité allaient commencer à irradier à partir de là. Tout s'annonce plus cristallisé dans cette zone. Je sens que c'est par là que je prends racine. Parfois, il m'arrive d'éprouver une très forte chaleur dans le coccyx, presque une brûlure mais je sais que c'est normal. Cela m'a été enseigné. Nous ressentons tous ce phénomène à mesure que nous habitons notre corps. C'est la mise en place de ce "qu'ils" appellent notre Feu vital, qui crée cette perception. C'est une force qui proviendrait de chacun des germes de la Création et qui serait à la fois très matérielle et infiniment subtile.

Mes amis m'ont appris qu'à un certain niveau de réflexion on ne faisait d'ailleurs plus réellement de différence entre ces deux pôles. Il s'agit d'une énergie qui serait triple et cette triplicité qui est aussi complémentarité serait à l'origine première des trois os soudés qui forment le coccyx.

C'est la fusion éthérique de ces trois vertèbres, m'a-t-on dit, qui génère la petite douleur dont je vous parlais. Elle est le signe que le Feu de notre vie commence à se laisser enclore dans une enveloppe solide et qu'il se bride un peu plus. Cette force ne réside bien sûr pas dans les os ni dans aucun organe en formation mais c'est comme si elle prenait appui sur ce point de notre corps. À chaque fois que la brûlure se fait ressentir, j'éprouve en même temps une vague impression de frustration ; cela évoque en mon être l'image d'un cadenas que l'on ferme et j'ai envie de m'étirer de tout mon long, de pousser mes pieds loin en avant. Il me semble alors que de cette façon je vais moins me rigidifier, me crisper et me laisser piéger, voyez-vous. »

Une question jaillit de nous :

« Est-ce pour cela, Rebecca, qu'un fœtus gesticule de temps à autre dans le ventre de sa mère ?

– Oh, non, mes amis. C'est le résultat d'un apprentissage ! En ce qui me concerne, j'essaie de bouger le plus souvent possible afin de sentir mes membres, de mesurer leur étendue, leur dextérité. Je deviens, dans ces moments-là, exactement comparable à quelqu'un qui vient d'enfiler un habit neuf et qui se contorsionne dans le but de savoir si celui-ci ne le gêne pas… »

Rebecca s'interrompt soudain puis part d'un éclat de rire très enfantin.

« Je ris parce qu'il y a une autre raison qui nous fait parfois remuer plus que de coutume ! Nous qui venons vers vous, vous devez savoir qu'il peut nous arriver très concrètement de protester contre telle ou telle situation. La plupart des parents, m'a-t-on dit, admettent cela, mais trop s'imaginent qu'il s'agit simplement d'une espèce de réflexe primaire ou animal du corps en réaction à un certain inconfort. Cependant, savent-ils seulement qu'un fœtus dans le ventre de sa mère peut penser, aimer ou ne pas aimer et émettre des opinions ? Lorsqu'on ne peut parler on trouve d'autres moyens de communication !

Peut-être un jour y aura-t-il des parents suffisamment conscients et aimants pour avoir envie d'établir un code avec cette présence qui est déjà leur enfant…

En ce qui me concerne, je me force en quelque sorte à pratiquer des exercices d'accoutumance à la forme de mon corps physique parce que je le perçois analogue à une gangue trop rigide qui m'empêche d'accomplir aisément tous les gestes souhaités. Il me semble que cette gangue possède les caractéristiques d'une matière cartonnée. Cette impression est bien sûr subjective mais cela peut vous aider à comprendre ou même à vous souvenir de l'étrangeté de certaines heures.

Les premières fois que je suis entrée dans mon futur corps… je ne suis même pas certaine d'avoir pu l'habiter totalement car j'étais simultanément actrice et spectatrice. Il me fallait un réel effort d'observation et de concentration pour remuer ne serait-ce qu'une main !

Peu à peu, maintenant, je sens que la "matière cartonnée" consent à s'assouplir et que, par endroits, elle finit par devenir semblable à de la ouate. Mais toutes ces remarques sont sans doute aussi très subjectives. Je crois profondément que toutes mes hésitations et mes craintes plus ou moins avouées sont capables de me fabriquer des perceptions qui n'ont rien à voir avec la réalité… À moins que la réalité ce ne soit aussi cela… sa notion est pour moi tellement mouvante !

Oh, attendez... il y a une chose que je ne dois pas oublier de vous dire ! Il s'agit d'un picotement assez particulier que j'ai ressenti voilà deux ou trois jours tandis que je m'apprêtais à descendre dans mon corps. Il s'est manifesté d'abord au creux de mon estomac puis au milieu de mon dos et enfin est remonté jusqu'à la base de ma nuque. Je n'ai alors pu m'empêcher de promener ma main à cet endroit sur mon corps de lumière. J'y ai aussitôt perçu la naissance d'une sorte de proéminence assez mouvante dont l'extrémité qui semblait s'effilocher, pouvait faire songer à un tube ou à un tuyau. Je suis sûre que cela germait à peine. Aujourd'hui, j'en ai aussi ressenti la présence. Cela a brutalement glissé de mon ombilic vers la base de mes omoplates. J'ai pu palper assez précisément cette forme ; elle ne se montrait pas davantage développée mais paraissait être faite d'une multitude de petits fils juxtaposés les uns aux autres. Pas torsadés, simplement unis, comme collés. Au toucher c'était très doux et cela avait l'épaisseur de trois ou quatre doigts réunis.

– Ne penses-tu pas, Rebecca, qu'il pourrait s'agir d'une première manifestation de ce qu'on appelle le "cordon d'argent", le lien vital qui va unir ton corps de lumière à ton organisme physique ?

– Je l'ignore ; on m'a trop peu parlé de cela, mais c'est sans doute exact. Mes amis avaient tendance à penser que la connaissance de toutes ces choses était secondaire et qu'elle ne m'aiderait pas à bien vivre ma naissance. Voyez-vous, il ne faut pas croire que dans "l'autre Terre" d'où je viens, toutes ces notions soient familières à chacun. Certains, parmi nous, les y étudient plus que d'autres mais pour nombre de mes frères et de mes sœurs, elles demeurent pratiquement inconnues parce que leur connaissance n'a rien à voir avec le développement de l'amour qui reste notre principal but. Peut-être est-ce une attitude trop extrême mais je crois volontiers que beaucoup d'hommes confondent la sagesse avec l'acquisition d'une foule de données "subtiles".

Moi, je voudrais apprendre toutes ces choses parce que je sens que leur compréhension pourrait me permettre d'aider autrui cependant je ne veux pas en faire le centre absolu de ma vie. J'ai tellement d'autres choses à faire ! Il y a du soleil à semer d'une façon si simple ! »

Soudain Rebecca se tait et nous imaginons son petit corps se lover sur lui-même puis voguer sur son océan secret. C'est alors que le silence de la chambre nous inonde à nouveau. Nous vivons pleinement sa densité ; elle ressemble à celle d'une eau profonde où nous plongeons en apnée. Les heures pourraient s'écouler ainsi, sans que nous ayons besoin de quoi que ce soit d'autre...

« Pardonnez-moi, reprend pourtant bientôt notre amie, il y a parfois des instants comme celui-ci où ma conscience cherche à se retourner en elle-même et où mes yeux s'écarquillent sur des scènes intérieures que je ne comprends pas... J'étais sur une plage... si lourde ! Je portais juste une longue robe noire rongée par le sel et le ciel était tellement rose...

– Sais-tu quel est le but de cette vie nouvelle Rebecca ? Y a-t-il des choses que tu peux nous dire et que tu sais devoir accomplir ?

– Je dois oublier une rancune, je dois dissoudre jusqu'à l'existence de ce mot. Cela, c'est ma cible, pour moi-même... mais il en existe une autre, plus vaste, pour les autres, pour le monde, pour la Vie.

Il y aura beaucoup d'enfants à aider lorsque je serai adulte. Je sais qu'ils seront désorientés, issus d'une société dont les pieds étaient d'argile. Il leur faudra des structures et des horizons vrais qui ne s'embrasent pas comme des ballots de paille. Je ferai des rencontres pour cela. C'est elles aussi que j'ai parfois peur de ne pas reconnaître. Pourtant je suis heureuse, voyez-vous, car je sais ce que je veux. Mon premier bonheur c'est d'abord de vouloir quelque chose. Je dis que je suis heureuse parce que l'absence de "volonté" est tellement développée chez nombre de ceux qui s'en reviennent !

J'ai aidé beaucoup d'êtres à retourner sur Terre et qui ne parvenaient pas véritablement à cerner la raison et le motif central de leur nouvelle vie. Lorsqu'ils avaient conscience de leur retour, ceux-là revenaient parce qu'il le fallait, sans se poser de questions sur ce qu'il y avait de beau à accomplir ou à réparer. Ils s'apprêtaient à naître comme on peut s'apprêter machinalement à se lever sans autre désir que de "passer sa journée". Pourtant, j'ai appris que chacun revient avec un but. Il y a des êtres, nous disons de grandes âmes, qui nous l'assignent si nous ne sommes pas capables de le distinguer nous-mêmes. Le problème est que si ce but ne paraît pas "grand" dans le monde de l'ego, la plupart d'entre nous avons tendance à l'ignorer puis à l'oublier.

C'est ainsi, savez-vous, que je dois gommer de mon âme une vieille rancune tenace dont j'ai enfoui la source au plus profond de moi. Elle m'a été indiquée clairement peu après ma dernière mort et je sais que j'ai tout fait jusqu'à présent pour en étouffer le souvenir. Nous agissons presque tous ainsi. Ce que vous appelez les "âmes" peuvent, elles aussi, ne pas retenir par cœur leur "feuille de route". Vous voyez, pour la pure Lumière il faut monter plus haut, là où un retour sur Terre est conçu comme un vrai bonheur, une occasion de Service.

– Tu nous disais tantôt ne pas toujours pouvoir descendre dans ton corps aussi souvent que tu le souhaiterais. Pourquoi donc, puisque son contact te paraît désormais moins pénible ? »

Rebecca laisse échapper un sourire, mi-amusé, mi-désabusé.

« Peut-être est-ce normal, peut-être n'y a-t-il rien à faire… ou alors il me semble que c'est la vie entière de cette planète qu'il faudrait bouleverser. Le rythme d'une société et l'impureté d'existence de ceux qui y évoluent rendent souvent l'approche d'un fœtus difficile par l'âme qui va l'habiter. Il y a aujourd'hui quelque chose de métallique sur Terre qui nous impose parfois une incorporation très pénible ou nous la refuse même. On me l'avait enseigné… et je l'ai expérimenté, maintenant. Ce sont des situations de violence vécues par les parents qui empêchent généralement la pénétration d'un corps par son âme. Évidemment, je suppose que tout cela ne représente pas une grande nouveauté mais il faudrait faire savoir que cela déclenche des douleurs ou des paniques chez celui qui se voit refuser l'accès à son futur habit de chair. Il ne s'agit pas nécessairement de choses vécues en profondeur par les parents mais d'éléments généralement anodins pour vous ou qui constituent même, d'après ce que j'ai compris, presque le sel de la vie moderne.

Je me souviens, il y a quelque temps, avoir voulu rejoindre mes futurs parents alors qu'ils s'apprêtaient à faire des achats dans un de ces immenses magasins dont je découvre seulement l'existence. Lorsque je les ai approchés, ils étaient investis par une telle masse d'énergie subtile totalement étrangère à leur être, que dans un premier temps je me suis sentie repoussée loin d'eux. Je veux dire que ce n'était plus tout à fait eux qui se trouvaient là sous moi. C'était un homme et une femme enveloppés et habités par une force mentale… parasite, pourrait-on dire. Il faut dire qu'il y avait une foule incroyable autour d'eux et chacun semblait traversé par des courants très médiocres ou même très laids. Lorsque j'ai voulu approcher mes parents une seconde fois, le contact des lueurs qui émanaient d'eux m'a fait l'effet de quelque chose qui ressemblait à une bouillie froide. C'était très pénible et cela m'a fait retrouver une sensation reléguée loin dans ma mémoire… celle de la gorge qui se serre et des larmes qui perlent aux yeux. Il n'y avait pourtant pas là d'accent de tristesse, mon père paraissait même très gai, mais la foule était si lourde ! Je croyais voir des automates ; il n'y avait rien de vrai dans leur façon de se croiser, de se regarder. Le lieu ne me semblait pas mauvais en lui-même, c'était plutôt leur façon de le vivre qui sonnait faux.

J'avais l'impression que même mes parents que j'ai toujours sentis si stables, abandonnaient leur personnalité profonde au profit d'une force commune à la foule, une force poisseuse et totalitaire.

J'ai vécu une seconde expérience du même type, un soir où ma mère était allée voir cette chose dont j'ignorais tout et que vous appelez un film. Elle était en compagnie d'une amie et les images qu'elle avait vues devaient être si terribles, du moins c'est ce que sa voix et les lumières de son corps traduisaient, que je me suis heurtée, en voulant l'approcher, à une véritable plaque métallique, glacée, lisse, impénétrable. Là encore, j'ai dû renoncer. Je ne pouvais plus lui donner d'amour parce qu'elle s'était enfermée dans une cage et je ne pouvais non plus espérer en recevoir. Nous étions chacune dans notre bulle avec un tissu de peur entre nous. C'était stupide ! Je n'en ai pas souffert mais je sais que certaines âmes qui évoluent trop souvent dans l'aura de tension ou d'angoisse de leurs parents en gardent de réelles cicatrices. La matière éthérique de leur foie et de leurs yeux s'en trouvera alors souvent affaiblie tout au long de leur vie. »

Brutalement, telle une déflagration au cœur de la nuit, une sonnerie à la fois grave et stridente vient briser le silence de la chambre. Nous sentons aussitôt comme un miroir qui se fendille, et quelque part, le petit corps de Rebecca qui se tend.

« Voilà, c'était cela… » parvient-elle encore à murmurer.

De dessous la couette, dans la pénombre, un bras vient de sortir péniblement et cherche à tâtons le combiné du téléphone.

« Oui… ? »

La voix pâle, le père de Rebecca se redresse peu à peu et cherche son équilibre. Une main dans les cheveux, la joue plaquée contre l'appareil, il se tait maintenant, les yeux fermés comme si le sommeil l'avait à nouveau empoigné.

« Oui… ? fait-il encore. Ce n'est pas vrai… fichue machine… pas maintenant ! Enfin bon, j'arrive… »

Prise d'une sorte de rage soudaine, la silhouette masculine vient de bondir hors du lit et enfile nerveusement une chemise.

Tout à côté, cependant, le visage échevelé de la mère de Rebecca émerge seulement des profondeurs de l'oreiller.

« Mais qu'y a-t-il ? Qu'est-ce qui se passe ?

– Plus jamais !… Ah, je te jure… ! Ce sont ces fichues machines… Il y a cinq ordinateurs qui viennent simultanément de tomber en panne et il paraît que je suis le seul à pouvoir décoincer le système dans la "boîte". Que veux-tu que je dise ? Sinon, demain matin, je ne te dis pas la pagaille dans les bureaux. On sera désorganisé pour des semaines !

– Tu reviens vite ?

– Fais un vœu ! De toute façon, la nuit est fichue, tu sais… »

Puis, se précipitant vers la porte un pull à la main, le père de Rebecca émet une sorte de soupir de dégoût.

« Tu ne commences pas à en avoir assez de cette photo de plage, toi ? Moi, je ne peux plus la voir ! Cela fait des mois que je ne peux plus la voir ! »

Enfin, après s'être penché sur le front de sa femme, l'homme bondit hors de la chambre, cherchant du plat de la main le premier interrupteur venu.

« Il faut y aller, c'est cela que je pressentais, chuchote Rebecca au-dedans de nous. Voulez-vous m'accompagner ? »

Alors, doucement, dans le nid douillet de la chambre mauve, au-dessus d'un lit que le sommeil vient de quitter, un petit amas de lumière apparaît. Il surgit de dessous la couette, très lentement et suggère une arabesque de faisceaux laiteux qui se déforme puis se met à tournoyer. Le visage de Rebecca se dessine en même temps sur notre écran intérieur. C'est presque celui d'une petite fille et il nous sourit avec d'étranges expressions de mélancolie et de joie. Il y a tant de choses en filigrane derrière ce sourire, un flot d'amour… et de malice aussi. Il est la marque de celui qui garde encore en lui la saveur d'une certaine source.

La question de Rebecca agit sur nous avec la force d'un aimant. Nous ne sommes plus qu'un tourbillon de flammèches à ses côtés, bientôt plus qu'une seule forme de lumière qui glisse en bas d'un immeuble, se faufile dans les profondeurs d'un parking souterrain et s'engouffre enfin dans une automobile, tel un souffle.

« Je ne veux pas le quitter, fait paisiblement Rebecca. J'aime être là, aussi… il conduit bien ! Je ne sais pas si vous avez remarqué, mais il faut toujours se dépêcher si l'on veut entrer dans une voiture. Dès que le moteur tourne, il y a, je ne sais pas, une sorte de phénomène électrique qui empêche le corps de la conscience d'y pénétrer facilement et sans doute aussi d'en sortir.* »

Déjà, autour de nous, les rues et les avenues défilent, sombres, muettes ou alors peuplées de noctambules et de lumières agressives. Nous nous taisons, envahis par les rythmes de jazz de l'autoradio qui emplissent le temps et l'espace.

Enfin, c'est l'arrêt, la façade de verre fumé d'un énorme immeuble puis un couloir aux innombrables portes. Voilà… nous y sommes, semble-t-il. Il y a là trois hommes dans une salle remplie de bureaux, d'écrans et de claviers. Le père de Rebecca jette négligemment un imperméable sur le premier fauteuil venu et leur serre la main. Après un échange de quelques mots, sans même avoir pris un siège, le voilà déjà tapotant sur une multitude de touches couleur ivoire.

Cependant le temps passe et nous ne pouvons qu'observer la scène comme de simples caméras suspendues dans un coin de la pièce. Pourquoi sommes-nous là ? De Rebecca, nous ne distinguons que les contours imprécis. Elle s'est placée derrière le dos de son père enfin assis, et

* Peut-être est-ce le phénomène de la cage de Faraday qui rend le passage délicat.

regarde par-dessus son épaule. Nous a-t-elle oubliés ? Pour l'instant, elle ressemble surtout à une petite fille qui cherche à apprendre, à comprendre quelque chose. Elle est habitée par la présence de cet homme qui travaille et se laisse traverser par le foisonnement de ses pensées. Il y a du désordre en lui… tout ce qui émane de son être nous parvient par vagues successives. Plus que des mots, ce sont des images ondoyantes : les néons de la ville, la voiture, le visage de sa femme. Tout se mêle, entrecoupé par des successions de chiffres et de lettres.

Soudain, une voix retentit à l'autre bout de la salle.

« Au fait, le bébé, c'est pour bientôt ? »

Le père de Rebecca laisse sa main se figer sur le clavier puis redresse la tête.

« Oh… trois bons mois. Pourquoi ?

– Comme ça… Tu n'en parles pas souvent, alors…

– C'est vrai ? Pourtant je te jure que c'est bien, on est plutôt ravi tous les deux ! D'ailleurs je me disais à l'instant que cela me faisait tout drôle de penser que nous serions bientôt trois.

– Vous l'êtes peut-être déjà !

– Toi aussi tu crois ça ?

– Pourquoi pas !

– Ma femme me dit la même chose. Elle n'arrête pas d'avoir des impressions mais je pense qu'il ne faut tout de même pas exagérer. Je veux bien que nous soyons trois à la maison mais c'est surtout quelque chose de biologique. J'imagine "qu'il" aura bientôt de vraies sensations et peut-être même une pensée, pourtant je ne sais pas quand ni comment cela pourra se faire. Ça, c'est le mystère, pour moi ! En tout cas, nous ne voulons pas trop le savoir avant la naissance, mais j'espère que ce sera un garçon… »

Rebecca a fait un bond en arrière et nous voyons sa silhouette frêle esquisser un haussement d'épaules.

« Tu n'en as pas assez de répéter toujours la même chose ? soupire-t-elle. Cela fait vingt fois que je l'entends cette histoire… tu piétines ! »

Tout en prononçant ces mots, le petit corps de Rebecca s'est rapproché de nous. Malgré ses contours délicats, une force singulière paraît l'animer et s'exprimer tout entière à travers l'acuité de son regard. Nous y lisons tour à tour la volonté, la peine, la joie et l'amour.

« Mon cœur est à vif, mes amis ; chaque jour qui passe, l'âme de celui qui s'en vient pénètre davantage l'âme de ceux qui l'accueillent… Je veux faire bouger mon père, voyez-vous, c'est pour cela que j'ai cherché à venir ici. Je sais qu'il ne faut rien forcer mais j'aimerais trouver le moyen de lui parler. Cette nuit, je devine que quelque chose est plus fluide en lui et puis, ma mère n'est pas là. Il dressera moins de barrières. C'est l'orgueil qui nous rouille, je l'ai souvent appris par moi-même !

Je sais qu'il me sent là, voyez-vous. Au fond de son être j'ai déjà perçu une voix qui accepte que j'existe déjà et que je le connaisse. Seulement, cette voix, il ne veut pas l'entendre. Elle ne l'arrange pas, elle ne fait pas son jeu, car il joue… Il joue à celui qui est lucide et fort, il joue à l'homme raisonnable, au point parfois de nier des évidences, de contourner les obstacles et de faire des pirouettes. Je sens qu'il est bon, mon père, mais comme il serait meilleur encore et plus beau s'il acceptait de perdre quelques écailles !

J'ai beaucoup parlé de toutes ces choses, de toutes ces réactions humaines et trop souvent masculines avec mes amis avant même que nous nous rencontrions. Mon père s'acharne à rester comme ces millions d'êtres qui semblent ne pas vouloir qu'il puisse y avoir quoi que ce soit avant ou après ce qu'on appelle la vie. Mais pourquoi donc ? C'est comme si cela leur faisait mal qu'il puisse exister une Vie infinie ou qu'il puisse y avoir tout simplement l'Espoir au bout de tout. Peut-être ont-ils peur de l'Infini ? Peut-être y a-t-il encore une part de pénombre en eux qui craint d'être agressée par le rayon de soleil d'une porte entrouverte ?

Il en va ainsi pour les deux pôles de la vie, la naissance et la mort. Les humains parlent de raison, sans avoir seulement observé que cette notion se déplaçait selon les époques…

Regardez-le devant cet écran ! Dites-moi si ce que mon père fait est bien raisonnable ! Il enfonce des boutons et génère aussitôt je ne sais quelles réactions qui défient les lois de ce que n'importe qui aurait pu concevoir lors de ma dernière existence. Il ne souffre pas du fait qu'une machine pense plus vite que lui… Alors, dites-moi pourquoi aurait-il mal à l'idée que j'existe déjà totalement, que je l'entende et que je sois ainsi à ses côtés ? Il ressemble à un échassier qui a de la peine à s'envoler. On m'a dit que je devais lui faire davantage confiance, pourtant si je parvenais à l'aider à mieux écouter… !

– Pourquoi préférerais-tu un garçon ? »

Derrière un bureau, une voix féminine a questionné le père de Rebecca qui ne quitte pas des yeux son écran et s'acharne sur une touche.

« Oh, je dis cela comme cela ! Ça n'a pas grande importance mais j'ai l'impression que je m'entendrais mieux avec un garçon. »

Rebecca demeure à nos côtés et tend toute son âme. Un long moment se passe ainsi pendant lequel elle paraît voyager en elle-même. Il est étrange de contempler les traits de fillette que son âme a adoptés. Ils se superposent à un tempérament si volontaire et si adulte !

« Le lâcher-prise, Rebecca, avons-nous envie de dire. Il faut t'en souvenir... ! »

En guise de réponse, notre amie sourit et va se blottir contre le dos de son futur père qui se redresse.

« Ne trouvez-vous pas qu'il fait un peu frais ici ?... Pour en revenir à ce que tu disais tout à l'heure, j'ai l'impression qu'une fille a toujours tendance à juger son père, du moins à l'observer particulièrement. En tout cas, c'est l'idée que je m'en fais. C'est étrange, dans mes rêves j'ai souvent le visage d'une petite fille qui me scrute avec insistance. Cela amuserait un psychologue ! Enfin, aucune importance...

– Aucune importance, reprend Rebecca en marmonnant, mais que tu as la tête dure ! En tout cas, tu m'as vue et je te remercie de t'en souvenir. Pourquoi alors faut-il que tu résistes ? Tu compares peut-être mon cerveau, toutes mes facultés de penser et de ressentir à une de ces machines avec lesquelles tu fais corps ! Tu crois peut-être que je commence à exister dès lors que mon crâne est bien rempli et que la nature en a terminé avec un certain nombre de petites connexions ! Mais comment te dire que mon cerveau, ce n'est pas grand-chose... enfin guère plus qu'un relais ! Ne prends pas le compteur électrique pour l'électricité elle-même. C'est un peu pour cela aussi que j'ai accepté de faire ce travail avec mes amis, parce que sur Terre nous reproduisons tous le même schéma étriqué ! Ce que tu penses, papa, n'est pas le fruit de tes neurones, ce que tu vois de toi et du monde n'est pas non plus la résultante d'une combinaison chimique. C'est une volonté de cohésion qui dépasse tout cela, une densification d'amour.

Je ne peux en dire beaucoup plus parce que mon âme est encore trop jeune mais si jamais au fil de ta vie toi et ceux qui te ressemblent pouvaient découvrir ces mots et ce qui les emplit, alors je serais heureuse. Un être qui naît ne s'explique pas par quelques cellules qui s'assemblent puis croissent... guère plus qu'un tableau ne se résume à un simple et judicieux assemblage de couleurs.

Dis-moi, essaie de m'entendre ! Est-ce que je suis une page de philosophie ? D'où vient-il ce regard que tu avoues croiser la nuit ? J'ignore comment appeler ce qui l'amène vers toi mais ce que je sais c'est qu'il ne vient pas te juger. Il vient pour souder ou pour ressouder peut-être, voilà tout ce qui compte.

– Ce n'est pas vrai ! Qu'est-ce qu'il a ce programme ? »

Le père de Rebecca a poussé un soupir de lassitude puis d'un geste vif a fait pivoter son siège en direction de ses compagnons de travail. La lumière un peu froide des halogènes semble lui blesser les yeux et il se lève avec le sourire embarrassé de celui qui voudrait chasser certaines images de lui-même, parler d'autre chose ou tourner la page de sa conscience.

« Pas moyen de se concentrer cette nuit ! Je vais essayer de me trouver un petit café...

– Ne bouge pas, ça arrive, on y a pensé avant toi ! F... est monté en chercher au premier. »

Comme définitivement découragé, le père de Rebecca s'est laissé tomber sur le fauteuil qu'il venait juste de quitter. Puis, sans un mot et avec une sorte de moue comique il a fait volte-face pour se retrouver en tête à tête avec son écran.

« Tant pis, grommelle-t-il, pas moyen de quitter ce fichu bureau !

– Et ta femme, dis-moi, que pense-t-elle de tout cela ? »

La question vient à nouveau de la même jeune femme qui, dans un coin de la salle, consulte négligemment un registre.

« Ravie, bien sûr, comme moi. Tu penses… nous sommes tous les deux vraiment ravis !

– Ce n'est pas ce que je veux dire… Je parle du bébé, de ce qu'elle en pense, comment il vient, en fait. Elle est croyante ?

– Oui, moi aussi, mais cela ne change rien, je ne vois pas le rapport. La religion est comme la science, elle fabrique des êtres tout neufs à leur naissance !

– Et cela ne te paraît pas bizarre, ou un peu simpliste cette façon de voir ? Tu ne crois pas qu'il manque un boulon quelque part ? En réalité, moi je trouve plutôt que cela n'explique rien. C'est comme si tu me disais : la vie existe parce qu'elle existe, l'ampoule électrique s'allume parce que j'ai appuyé sur l'interrupteur ou encore, j'accorde tel mot avec tel autre parce que la règle de grammaire porte tel nom… Personne ne va au bout des choses !

– Arrête de me tracasser, je ne vais plus dormir !

– Je ne veux pas te tracasser, reprend de plus belle la jeune femme du ton le plus enjoué possible, j'essaie juste de te faire réfléchir. Je sais bien que ta femme se pose de vraies questions, nous en avons un peu discuté l'autre soir chez J…

– Eh bien alors, si tu le sais… »

Sur ces quelques mots, un silence s'est glissé dans le bureau tout empli d'une ambiance laborieuse. Le père de Rebecca se gratte énergiquement le cuir chevelu et déguste par petites gorgées le café fumant qu'on vient de lui apporter dans un verre de carton.

Cependant, notre amie s'est rapprochée de nous. Tout d'abord, nous n'éprouvons pas le besoin d'un échange de paroles avec elle. Le regard suffit et nous préférons nous laisser emporter par l'émotion qui perle dans le sien.

« Il y a longtemps que je n'ai pas ressenti cela, dit enfin Rebecca. Ces petites larmes sont bien la preuve que je descends ! Ce n'est ni de la joie, ni de la peine, savez-vous. C'est plutôt quelque chose d'indéfinissable, une sorte de tendresse profonde, mêlée à de la mélancolie. Je me sens déjà revenue dans ce monde où tout hésite et où l'hésitation rend certains êtres si fragiles, si beaux parfois. Vous voyez, cette nuit je crois que je commence seulement à l'aimer vraiment, celui-là avec ses grandes jambes. Pas parce qu'il va devenir mon père... cela ne veut rien dire, mais parce que son âme parle entre les mots qu'il prononce. Je suis seule à pouvoir le ressentir et c'est, je pense, j'en suis maintenant plus que jamais certaine, la conséquence d'une vieille histoire commune. Quelque chose me dit que nous avons tous deux la même peur de nous retrouver. Je n'ai pas ses yeux et il m'agace mais je suis profondément heureuse que ce soit lui et pas un autre et je ne lui en veux plus.

– Tu lui en voulais donc réellement, Rebecca ?

– Juste un peu... Oh, bien sûr, je sens qu'il y a encore je ne sais quel nœud entre nous qui n'est pas réglé, mais c'est autre chose ! Je voulais seulement parler d'un détail qui me blessait.

Je n'ai jamais osé aborder cela jusqu'à présent, pourtant aujourd'hui c'est merveilleux car il le faut et cela achèvera de dissoudre mon ressentiment. Vous en parler, cela va me faire l'effet d'un grand bol de rire !

Voyez-vous, lorsque mon père a su que j'allais venir, il a été quelque peu pris de panique. Le mot est peut-être fort, mais en tout cas, à travers le fil de lumière qui me laissait parvenir jusqu'à lui, j'ai clairement perçu un léger mouvement de recul au lieu de la joie sans retenue que je m'étais imaginée trouver. J'ai alors lu dans son âme et pendant quelques heures j'ai su qu'il se disait "et si on ne *le* gardait pas !" Je n'ai pas eu peur pour moi car je comprenais fort bien que cela n'était que pensées désordonnées. D'ailleurs jamais un seul mot, me semble-t-il, ne lui a échappé à ce propos. Cela reflétait surtout une crainte incernable, toute passagère, toute bête. Elle nous a crispés l'un et l'autre, voilà tout. Dès le départ, j'ai su qu'il me désirait réellement mais que moi je m'étais bâti un scénario sans faille... trop intransigeant !

Cette nuit, je comprends un peu plus ce qu'est l'Amour parce que je commence à aimer ses imperfections et parce que je les lui pardonne avec beaucoup de joie.

– Nous ne savons si cet instant s'y prête, Rebecca... cependant nous souhaiterions connaître ton point de vue relatif à l'avortement. As-tu pu approcher cette notion et tes amis t'ont-ils communiqué quelque donnée précise à ce sujet ?

– Oui, bien sûr, mais sans doute guère plus que ce qu'un noyau de personnes sait déjà ou tout au moins pressent déjà sur Terre. Je peux surtout vous parler un peu de ce qu'ont éprouvé certains de mes compagnons qui ont été amenés à vivre "de l'intérieur" si je puis dire, un avortement.

Ce sont essentiellement les paroles d'une de mes amies qui ont marqué mon cœur. Tout d'abord, je dois vous dire que lorsque celle-ci a appris quelle famille lui était destinée elle a immédiatement compris qu'il existait un risque qu'elle soit rejetée. Non seulement parce que ses guides le lui avaient annoncé clairement mais parce que les premières images qu'elle avait pu percevoir du monde de la

Terre lui suggéraient le fait que ses futurs parents ne se montraient pas réellement prêts à la recevoir.

– Elle en particulier ou plus généralement un enfant ?

– Dans son cas, c'était plutôt un enfant, tout simplement. Cependant dans certaines circonstances, je sais que c'est le refus inconscient de l'identité précise de l'âme voulant s'incarner qui devient le moteur de l'avortement.

– Ton amie a donc néanmoins accepté de courir ce risque ?

– Elle l'a accepté comme la plupart l'acceptent parce que, proches de notre âme, nous buvons tous à une telle source de paix que nombre des difficultés entrevues pour un retour se dédramatisent d'elles-mêmes.

Dans le monde d'où je viens, nous avons tous accès à la compréhension qu'il existe pour chacun de nous un extraordinaire fil directeur qui nous mène jusqu'au même prodigieux potentiel d'amour. Nous entrons alors en communication avec une sorte de schéma d'ensemble qui nous engage sereinement à demeurer confiants envers et contre tout. Cette compréhension, suivez-moi bien, n'est en aucun cas comparable à un anesthésiant qui estompe les obstacles en probabilité. Nous la vivons plutôt comme un élargissement de la conscience. Celle-ci devient plus pénétrante et permet la relativisation de la majorité des difficultés. Il y a toujours, voyez-vous, cette présence du beau et du juste au-dedans de nous.

Bien sûr, il existe des sphères de conscience moins épanouies que celle d'où je viens mais le problème de l'avortement n'y est pas même soulevé puisque le retour dans un corps de chair est alors vécu dans un état de demi-somnolence, voire de sommeil total. Mais quel que soit le monde d'où une âme est issue, il faut savoir que la biologie à la fois matérielle et subtile qui préside à son incarnation l'attache d'emblée à un embryon vers les trois semaines suivant la conception. Je ne veux pas dire que la conscience est déjà rivée au futur fœtus à compter de cette date précise, mais elle intègre pour la première fois l'aura de sa future mère et aussi son ventre à ce moment-là.

Cela veut dire que les atomes-germe de ses corps physique et éthérique sont déjà présents dans sa mère et qu'ils appellent déjà à eux ceux des corps plus subtils. Cela génère un lien, croyez-moi, que nul ne saurait négliger, un lien qui, s'il est rompu engendre une souffrance.

Cette souffrance est évidemment d'autant plus importante que l'embryon ou le fœtus progresse dans son élaboration. Dans le cas précis de mon amie, l'avortement s'est produit à deux mois de temps terrestre après la conception. Elle m'a fait part de la douleur à la fois physique et psychique qu'elle a ressentie lors de son expulsion. Selon son expression, c'était pour elle comme une sorte de deuxième mort éprouvée au cœur même de la mort que représente d'un certain point de vue la naissance.

Il faut faire savoir que l'avortement est une erreur. Cela n'a rien à voir avec la morale car chacun sait maintenant que la morale fluctue au gré des civilisations. C'est simplement une question de respect de la Vie parce que celle-ci ne commence pas à l'accouchement. En réalité elle ne cesse jamais d'être, c'est un flot continu et si on l'empêche de s'exprimer, une partie de la Vie qui nous habite se voit entravée. »

Rebecca ferme les yeux et paraît maintenant se sourire à elle-même. Sur son visage un peu diaphane de petite fille on lirait presque les soleils et les nuages qui défilent en elle. Sa transparence nous étonne, elle contraste tant avec la densification du corps qui l'appelle. Elle parle d'allégement de l'ego, de la maturité d'un cœur qui s'ouvre et se débarrasse peu à peu du superflu.

Dans un coin de la salle, cependant, un homme, la chevelure en bataille est toujours penché sur son clavier informatique. Quelque chose en lui entre pourtant en métamorphose. Ses gestes n'ont plus rien de machinal ni de saccadé. Aucun mot ne sort de sa bouche mais les teintes de son âme sont bavardes. Elles ne parlent pas encore de compréhension, elles suggèrent un rideau qui veut bien se lever, une crispation qui s'enfuit.

« C'est cela que j'espérais de lui, murmure Rebecca, une sorte de "pourquoi pas". Il représente tellement ce "pourquoi pas", un peu de rouille qui tombe, une véritable promesse !

– Pardonne-nous d'insister encore Rebecca, mais tant d'hommes et de femmes s'interrogent... Il va de soi que l'avortement est une erreur et qu'il faut un jour ou l'autre dans cette vie ou la suivante la réparer en accueillant à nouveau l'être qui a frappé à la porte, mais nous aimerions cependant connaître ton approche de certains avortements thérapeutiques.

– Mon avis n'a pas grande importance car je ne suis qu'une âme parmi la myriade de celles qui cherchent un corps. C'est plutôt ce que j'ai vécu ou vu et retenu qui peut en avoir.

Cette notion d'avortement thérapeutique est toute neuve pour moi ainsi que beaucoup d'autres d'ailleurs. Ce que j'en ai compris apporte une réserve à tout ce que je vous ai dit précédemment.

Mes guides m'ont appris que lorsqu'un être est très mal formé dès sa conception au point de générer un corps peu viable, voire monstrueux, l'interruption de la grossesse ne représente pas une faute en soi. C'est une simple question de compassion. Voyez-vous, j'ai, me semble-t-il, compris que ce n'était pas la nature qui faisait des erreurs, mais nous tous dans l'approche de ses lois et aussi de l'interprétation de ce qu'elle nous propose parfois. Elle nous place face à des choix, à des remises en question qui peuvent devenir autant de déclencheurs de réflexion puis de maturation. Un embryon ou un fœtus portant déjà en lui les marques d'une monstruosité physique capable de transformer une existence en un enfer serait souvent la résultante de la blessure profonde tant physique que morale reçue par l'âme qui s'incarne lors de sa précédente vie. Dans un tel cas, on m'a dit qu'il s'agit d'un réflexe de l'âme en question qui, par la voie de ses atomes-germe, évacue le plus rapidement possible ses cicatrices.

Sans doute ceci n'est-il qu'un aspect de la question et ma connaissance demeure bien faible dans ce domaine mais je voudrais encore vous dire une chose qui me semble si importante que mon cœur ne peut la tenir pour lui : je sais, pour l'avoir appris, pour l'avoir constaté auprès de tous mes compagnons de la Terre de lumière que l'erreur que constitue globalement un avortement ne doit pas non plus être dramatisée. Oui, bien sûr, il y a souffrance ; oui, évidemment il y a erreur, mais je voudrais clamer que l'amour et le pardon existent aussi et qu'ils seront toujours les plus beaux cicatrisants dont on puisse rêver. Ils réparent tout ; ils doivent gommer le remords parce qu'ils sont eux-mêmes la Vie.

À tous ceux qui se sont fourvoyés dans cette direction, j'ai envie de dire d'abord "pardonnez-vous". Cela ne veut pas dire "fermez les yeux et oubliez", mais "sachez que la vie est infinie et vous donnera la possibilité de réparer si vous voulez bien ne pas faire obstacle à votre cœur".

J'ai vu, même si ce n'est pas toujours le cas, que Beaucoup d'enfants adoptés l'étaient par des parents qui ne les avaient pas reçus en d'autres temps.

Nous nous retrouvons tous, toujours, jusqu'à ce que nous l'ayons enfin compris, sur le même chemin, parce qu'il n'y en a qu'un !

– Tu nous parlais de la myriade des âmes qui cherchent un corps...

– Oui, j'ai bien dit "qui cherchent". Je les ai vues, ces âmes lors de ces sortes de rêves qui ont précédé ma descente. Leur présence globale dans la multitude des mondes est venue à moi comme une gigantesque vague, comme un formidable souffle. Ce n'était pas une angoisse, mais une attente, parfois impatiente, vécue par des millions et des millions de formes de vie qui savaient que leur venue ou leur retour dans la matière demeurait encore la plus belle chance de floraison qu'elles pouvaient souhaiter.

C'est pour cela aussi que je voudrais servir un hymne à la Vie. Trop peu d'hommes et de femmes apprécient le bonheur que la Terre leur offre à travers le cadeau d'un corps, avec une bouche pour manger, des poumons pour respirer, des bras pour serrer ! Tout est pur, tout est tremplin... pour qui sait regarder. La Vie n'est pas une pourvoyeuse de gifles, elle nous renvoie seulement ce que nous propulsons dans son espace... et quant à moi, mes amis, je n'y vois plus autre chose que de la lumière, de l'espoir et de l'équité, c'est-à-dire de l'Amour. »

Comme si quelque courant limpide venait de traverser la pièce de part en part, le père de Rebecca a suspendu ses gestes et immobilisé son regard. Le voilà qui pivote à nouveau sur son siège et qui se dirige maintenant, l'air un peu hésitant, les mains dans les poches, vers la jeune femme au registre.

« Tu sais, marmonne-t-il, en se raclant la gorge, un de ces jours j'aimerais bien qu'on reparle encore de ces choses. Je me dis, après tout… pourquoi pas ? »

Chapitre VII

Avril

Notre dernier contact avec Rebecca remonte maintenant à trois semaines. Trois semaines imposées par les circonstances de la vie, souhaitées aussi sans doute par la nécessité d'une prise de recul face à tant de choses vécues.

Lorsque l'appel des retrouvailles se fait à nouveau sentir, nous ne savons ni où ni comment cela se déroulera. Faut-il que nous nous rendions près des parents de notre amie ou nous laisserons-nous simplement attirer, sans autre volonté, au creux de sa petite bulle de lumière, hors du temps ?

La réponse vient toujours dans l'abandon du désir et c'est ainsi qu'un invisible fil d'Ariane attire le corps de notre conscience jusqu'à sa juste destination. Bien loin, au-delà de l'Atlantique, les cordes d'argent se sont alors étirées…

Dans un silence transparent et comme parfumé, c'est le regard cristallin d'un enfant qui maintenant nous accueille. Il pétille ainsi qu'à l'ouverture d'une fête et s'offre tant à nos présences qu'il emplit la totalité de notre champ de vision. Quelques instants nous sont nécessaires afin de reconnaître Rebecca. La transmutation a poursuivi son œuvre… le fœtus a façonné un peu plus les contours de l'âme et c'est une fillette de six ou sept ans qui vient désormais nous ouvrir son cœur.

De ses lèvres un murmure s'échappe.

« Comment grandir si déjà je n'accepte pas d'être toute petite… ? »

Nous avons peine à prononcer le nom de notre amie tant elle est entrée en métamorphose depuis notre dernière rencontre.

« Cette fois, je ne suis réellement plus Rebecca, dit-elle dans un sourire et pour couper court à nos hésitations. Maman a saisi le prénom que je lui tendais chaque nuit… Maintenant, je suis un peu plus des vôtres, un peu plus de la Terre, je suis S… La vibration que ce prénom propose à mon âme est telle une parure que l'on m'offre et que je souhaitais, me semble-t-il, depuis si longtemps… ! Maman l'a laissé échapper presque comme un cri, l'autre matin en se réveillant. »

Tandis que nous recueillons ces paroles, nous prenons progressivement conscience du lieu qui nous a ouvert ses portes. Notre amie nous tire par la main, fermement. Elle cherche sans nul doute à nous amener plus vite à sa réalité.

Cette fois encore, nous nous trouvons au seuil de la chambre mauve de ses parents. À travers les rideaux à demi-tirés, un soleil rougeoie et parvient à embraser toute la pièce. La jeune mère de celle qui fut Rebecca est là, à demi-allongée dans le nid douillet de son lit. Les yeux lourds, elle feuillette nonchalamment une revue entre deux accès de toux.

Une nouvelle fois, notre amie nous adresse un sourire. Il est empreint d'un parfum de malice et de complicité. C'est bien celui d'une enfant car l'adulte que nous avons connue est désormais tellement loin...

« Pourquoi me regardez-vous ainsi ? Mon âme a-t-elle changé à ce point ? C'est elle qu'il vous faut considérer, elle n'a jamais été si mûre... »

Force nous est de convenir de tout cela tandis qu'à l'autre bout de l'appartement, au milieu d'un cliquetis d'ustensiles, une voix se faufile :

« Encore une minute et elle arrive cette tisane !

– C'est un peu parce qu'elle souffre d'une légère indisposition que j'ai souhaité à nouveau vous attirer jusqu'ici, murmure doucement notre amie comme si quelque autre oreille que la nôtre pouvait l'entendre. C'est un refroidissement qui force ma mère à garder la chambre. Ainsi que toutes les personnes prises de fièvre, son aura subit une modification que j'aimerais que vous puissiez observer. Comme vous le savez, l'arrimage des corps subtils au corps physique devient beaucoup plus lâche dans une telle circonstance. Les champs lumineux qu'ils dégagent sont alors plus faciles à pénétrer par des êtres comme moi. La matière subtile qui les compose est en quelque sorte distendue et rend souvent plus aisés les contacts avec le monde dans lequel nous nous trouvons tous les trois.

Aujourd'hui et à cause de tout cela, j'aimerais parler à maman. Plus que d'habitude, je sens que c'est possible et je voudrais que vous m'y aidiez ou tout au moins que vous puissiez observer car, voyez-vous, malgré les méandres de mes questionnements personnels, je n'oublie pas le travail dont nous avons convenu ensemble.

Dans quelques instants, je sais que maman va s'endormir et que nous allons voir le corps de sa conscience s'élever lentement au-dessus du lit. Mon souhait serait alors que nous tentions de stimuler particulièrement son attention, que nous la tirions rapidement de la léthargie des premières phases du sommeil et que nous pénétrions dans la bulle de vie que son âme va bientôt générer... en fait que nous habitions ce qu'elle appellera son rêve afin d'établir un véritable pont !

– Mais n'avais-tu pas déjà fait cela seule ?

– Je l'ai fait comme la plupart des futurs enfants le font ; je l'ai répété notamment à de nombreuses reprises pour suggérer le prénom que mon cœur réclamait, mais cette fois et avec l'autorisation de mes amis, je sais qu'il serait bon d'établir un contact plus vrai, plus fort, autre chose qu'un simple regard, qu'une impression ou qu'une phrase incomplète qui persiste au réveil.

J'hésite un peu à vous en parler... mais j'ai appris que de nombreuses fois elle avait été ma sœur dans des temps anciens. En vérité, cela a peu d'importance et je n'ai pas à le lui faire savoir car moi-même je vais l'oublier, mais j'espère lui dire quel sera mon chemin de vie, là où j'aurai besoin de son aide, de ses garde-fous ou de ses impulsions. Il est donné à beaucoup d'entre nous de pouvoir agir ainsi, au moins avec l'un de ses futurs parents mais ma chance est d'avoir l'autorisation de lui suggérer tout cela plus précisément. Cela est fonction de notre évolution commune, à toutes deux.

– Tu parles d'autorisation... Il y a donc "quelqu'un" pour réglementer toutes ces données ?

– Il ne s'agit pas vraiment de réglementer. J'ai plutôt compris qu'il existe des âmes qui sont nos aînées parce qu'elles ont plus vécu ou plus aimé que nous et qu'à ce titre la Vie leur donne le droit de nous orienter davantage dans telle ou telle direction, de nous ouvrir telle ou telle porte, non pas de façon arbitraire mais parce qu'elles ont une vision plus limpide des nécessités et du but.

Je ne suis qu'une conscience parmi une infinité d'autres mais j'en suis arrivée à un stade de mon évolution où je peux manifester ma volonté de servir la Vie. Voilà la raison pour laquelle la possibilité m'est offerte d'imprégner la mémoire de ma future mère avec des données concernant la direction juste qui doit être mienne. Je vous le répète, mes amis, je n'ai pas ce que les hommes appellent un "Destin" et je ne serai sans doute qu'une "abeille laborieuse" parmi tant d'autres mais si je vous dis toutes ces choses c'est afin que beaucoup de parents soient davantage attentifs aux "signes" que la vie leur envoie concernant les êtres qui s'incarnent à travers eux. Il s'en vient vers la Terre une vague d'âmes portant en elles une tâche de reconstruction. Ces âmes ne sont pas plus exceptionnelles que d'autres mais les forces rénovatrices qui inondent aujourd'hui notre système solaire les dotent souvent d'un tempérament volontaire qu'il importera de savoir canaliser. La compréhension de leur tâche, le respect aussi de celle-ci vont demander aux parents un habile mélange de fermeté et de souplesse. Il leur faudra savoir lire entre les lignes de la "feuille de route" qu'ils partageront avec leurs enfants.

Je dis encore "leurs enfants" mais cette notion même va avoir tendance à disparaître, je veux dire ce concept de possession ou d'appartenance. J'ai pu voir, j'ai pu comprendre que la Terre où je vais s'en retourne vers une vision plus globale de la Vie et vers un individualisme moins exacerbé. Cela prendra un peu de temps mais les vents nous y poussent bon gré mal gré, parce que les egos se sont suffisamment rassasiés et qu'ils doivent décroître.

Pour aller dans cette direction, j'aurai besoin d'indépendance et aussi de cette sorte de parachute qu'est la confiance que mes parents seront le plus à même de m'offrir. C'est de tout cela et de quelques autres choses encore dont je veux parler à maman ; m'aiderez-vous ?

– Comment le pourrons-nous ? N'est-ce pas plutôt une simple question de communication entre vous deux ?

– Si tous trois nous parvenons à pénétrer dans ce que vous pouvez appeler maintenant "l'hologramme" de son rêve, son être en sera davantage impressionné et en ramènera à la conscience des éléments plus forts. Tous ceux qui s'incarnent, voyez-vous, ont remarqué qu'il leur était plus facile d'imprimer la mémoire de leurs parents pendant les premiers temps de la grossesse. L'habitude de la mère à vivre avec une "présence" atténue généralement la mémorisation des contacts précis.

Les âmes qui s'incarnent trouvent alors des stratagèmes pour frapper l'imagination. Elles tentent par exemple de manifester leur présence aux côtés de membres défunts de leur future famille. Ce qu'il faut, c'est briser l'habitude car c'est elle qui engourdit l'attention puis vide la mémoire. »

Dans le couloir qui mène à la chambre aux rideaux mauves, un bruit de pas et de vaisselle qui tinte se fait soudain entendre.

« Il lui apporte sa tisane »... continue de murmurer notre amie en observant son futur père qui s'approche avec un plateau garni d'une imposante théière.

Cependant, vers l'angle opposé de la pièce, au pied de son lit, la jeune femme s'est déjà abandonnée au sommeil et a laissé la revue s'échapper de ses doigts.

« Regardez, fait Rebecca, tandis que son père dépose en marmonnant le plateau sur le sol, regardez ! »

À un bon mètre au-dessus du lit, la forme lumineuse d'un corps flotte tel un nuage aux contours imprécis et d'un blanc laiteux. Dans sa simplicité, dans sa banalité même, cet instant a quelque chose d'infiniment beau. Nous le ressentons comme une porte qui s'ouvre vers un horizon neuf, prêt à recevoir. Unis dans le même silence, nous observons, mais pour nous tous, à vrai dire, il n'y a plus réellement de chambre. Il n'y a plus guère qu'une lumière bleutée qui rayonne de ce corps que nous entourons maintenant et qui semble s'expanser en tous sens.

À chaque seconde qui passe c'est un peu de sa vie qui nous habite, un peu de sa conscience qui se dilate et nous englobe. Nous ne pouvons alors que nous y abandonner et c'est une vague d'amour total qui prend le dessus sur les doutes, les interrogations, enfin sur tout le cortège mental qui dissèque si aisément.

À un moment précis – mais lequel, nous ne saurions le dire – tout bascule. Nous sommes happés par une force, aspirés dans un lieu où le vide absolu règne…

Une vaste et blanche salle vient à se dessiner maintenant autour de nous. Les arêtes de ses murs, les dalles carrées et lisses de son sol naissent progressivement, surgies d'une clarté qui pénètre tout. Le long des hautes fenêtres qui s'esquissent désormais, d'étranges rideaux de velours rouge nous accrochent le regard. Puis, à la seconde même où nous croyons avoir embrassé la totalité de cette atmosphère, à la seconde même où la première interrogation voudrait surgir, une grande table, toute métallique apparaît brutalement. Une silhouette féminine vêtue d'une longue chemise blanche y est étendue et les courbes de son corps parlent d'enfantement. Le silence est total, presque froid ; il est attente et questionnement. Aussitôt, nous comprenons. L'évidence est là, celle à laquelle nous n'avions jamais songé : nous avons pénétré dans l'espace mental de la jeune femme endormie. Pour quelques instants, nous habitons son rêve, nous côtoyons les images projetées par son inconscient dans quelque zone de l'astral terrestre, monde malléable au gré de chacun, univers où chaque âme sculpte sa lumière… ou sa non-lumière.

« Maman ? »

La voix un peu hésitante de notre amie perce soudain le silence et nous fait presque sursauter.

Pour toute réponse des pensées désordonnées se mettent à emplir la pièce, anodines et puériles.

« Oh, ces rideaux rouges… il faudra que je les décroche et que je les lave… Il faut que ce soit fait avant de sortir d'ici. Je n'ai pas beaucoup de temps. Le docteur m'a dit qu'il me restait deux mois pour les laver. Je ne sais pas si la petite est pressée…

– Maman ? »

Cette fois, c'est un profond soupir qui emplit la salle et à mesure que celui-ci s'épuise, la lumière qui imprègne tout se teinte tour à tour de jaune, puis de bleu.

« Maman ? » répète une troisième fois notre amie dont nous devinons uniquement la présence à nos côtés.

Maintenant, son ton s'est fait presque autoritaire, presque impatient.

Alors, comme si un déclic avait enclenché un processus, une silhouette toute blanche se redresse sur la table d'accouchement.

Au cœur du temps qui se comprime, nous voyons aussitôt la jeune femme poser les pieds sur le sol puis avancer paisiblement dans notre direction. Elle a le regard de ceux qui sont disponibles, simplement prêts à recevoir. Rebecca ou S..., nous ne savons plus ce qu'il convient de dire, se précipite immédiatement vers elle et lui attrape les deux mains comme pour ne plus la laisser s'échapper.

« J'ai tant de choses à te dire, sais-tu !

– Je m'en doutais... c'est bien pour cela que je suis venue... Tu sais bien que ma maladie est un prétexte pour mieux te rejoindre. Aide-moi à t'emporter. Je sais que je rêve et je veux ramener ton visage.

– Ce n'est pas mon visage mais le son de ma voix, le sens de mes paroles et de ma présence que je veux que tu gardes. C'est pour notre équilibre à toutes deux et aussi celui de papa. Permets-moi de te parler très clairement auprès de mes amis.

– Il me semble les connaître, tes amis, répond doucement la jeune femme en nous adressant cependant un regard pour la première fois. Je ne sais pas... je connais leurs couleurs... »

Rebecca sourit et quelque chose se densifie entre nous tous. Peut-être la qualité de la lumière... Cependant, la jeune mère a dû faire fuir de sa conscience la salle aux grandes dalles blanches et aux tentures rouges car c'est l'image de son propre salon avec son gros fauteuil qui s'impose désormais autour de nous. Là également, tout paraît bien concret, parfaitement conforme à la cohérence de l'esprit qui en façonne la texture.

Sans attendre, notre amie et sa future mère se sont assises sur le sol.

« Maman... je voulais te dire que je ne veux pas naître dans l'eau. Je ne sais pas exactement pourquoi mais je ne le souhaite pas.

– Mais on m'a tellement dit que ce serait plus doux pour toi !

– Pour d'autres sans doute… L'élément liquide éparpille toujours un peu le corps vital et retarde de quelques minutes la pleine descente de la conscience. J'en ignore la raison mais il faut que je puisse m'arrimer très vite, c'est ma nature qui le demande. Si tu ne t'en souviens pas, je me débrouillerai. Pendant quelque temps, vois-tu, il faudra que je maîtrise une tendance un peu rêveuse et le contact prolongé avec l'eau ne m'aidera pas. Il faut que je sois quelqu'un de très incarné, très rapidement. C'est de cette façon que les différents constituants de l'éther vont finir de prendre avec facilité leur place dans mon organisme. C'est de leur stabilité que vont dépendre aussi mon autonomie et ma volonté. Je ne veux pas te dire que ceux qui naissent dans l'eau partent avec un handicap… ce n'est pas cela. Pour certains ce peut-être au contraire une chance afin de mettre en place, dès le début, des éléments de personnalité ou tout simplement d'équilibre physique dont ils auront besoin. Il n'y a pas de règle absolue, maman, il faut seulement savoir écouter !

– Mais si je n'écoute que moi… car cela me plaisait de t'accueillir dans l'eau !

– Alors, ce ne sera pas grave. Il faut avant tout que tu comprennes que si l'harmonie ne domine pas en toi lorsque je viendrai, j'aurai beaucoup de mal à préserver la paix en moi-même, qu'il y ait de l'eau ou qu'il n'y en ait pas. Je veux le confort de ton âme, pour le reste… j'ai des souhaits qui ne sont jamais que des souhaits et j'ai confiance !

Il y a pourtant une chose que je te demande avec plus d'insistance : ne choisis pas un lieu où l'on provoquera ou avancera ma naissance de quelques heures pour se plier à des horaires qui auront le seul mérite de faire plaisir au personnel médical. Encore une fois, ce ne serait pas dramatique mais mes troisième et quatrième plexus pourraient en souffrir pendant les deux ou trois premières années, rendant ainsi mon sommeil plus difficile. Toutes les substances chimiques que l'on injecte dans un corps sont dotées d'une contrepartie subtile qui agit évidemment sur les organismes de même nature vibratoire qu'eux. N'oublie pas que tout vit et que la chimie se prolonge dans le monde vital.

S'il n'y a pas de difficulté physiologique à résoudre, laisse la nature faire son travail là aussi. Elle sait quand je dois venir et pourquoi à cet instant précis plutôt qu'à un autre.

Chaque parcelle de ce que l'on appelle "le temps qui passe", maman, est en étroit contact avec l'intelligence de la matière. Elle l'informe constamment et charge sa mémoire des infinies modifications que l'univers vit en permanence. La lumière qui vient alimenter notre âme comme nos cellules n'est jamais totalement identique à elle-même. Seconde après seconde, elle est renouvelée et se charge d'autres senteurs, comme le vent qui souffle à travers les feuilles et dont l'itinéraire et la force se remodèlent sans cesse.

– Est-ce bien toi qui m'apprends cela ?

– Aujourd'hui c'est moi... demain ce sera toi qui me le rappelleras... en tout cas je te le demande !

– Jamais je ne saurai me souvenir de tout ceci...

– Tu sauras en retransmettre l'essence. C'est par elle que tu joueras ton rôle en ne faisant pas obstacle. Lorsque l'on a bu à une source on en retransmet toujours les saveurs... même à notre insu. »

Ces quelques mots se sont échappés de notre cœur si spontanément que nous nous sentons quelque peu gênés d'être sortis de la réserve que nous avions cru bon de faire nôtre jusqu'à présent. La jeune mère lève vers nous un regard profond, un regard qui cherche son fil directeur et qui sonde… Qui d'entre nous n'entretient pas au fond de sa mémoire le souvenir de ces visages inconnus, parfois sereins, toujours énigmatiques croisés dans l'écrin d'un rêve ?

Ceux-là nous laissent des senteurs et des saveurs que la conscience souvent repousse mais qui entretiennent secrètement leur silencieux labour.

« Préserve l'esprit, si la lettre t'échappe. Oublie vite cette même lettre si tu sens que déjà elle ensevelit l'esprit… Si nous sommes venus tous trois, maman, c'est pour que ton âme soit imprégnée d'une plus puissante présence de paix et pour qu'elle reçoive une marque. Si je t'informe de mes souhaits et de leurs raisons, ce n'est pas pour que tu les numérotes comme des desiderata puis que tu les appliques en tant que tels. Mon vœu le plus cher est que tu les ressentes car c'est au fond du ressenti que tu sauras toujours ce qui demeure le plus juste pour moi, pour nous.

La plupart des futurs parents sont contactés comme tu l'es en cet instant, vois-tu, et parmi la foule d'informations qui leur est donnée, il leur est surtout demandé de bien s'imprégner du regard de leur enfant car c'est lui le lien fidèle par lequel la mémoire, consciente ou non, retrouve et accomplit sa tâche puis aide le chemin de vie à se tracer.

– M'as-tu déjà parlé de cette direction vers laquelle il nous faudra te laisser aller ? Si cela est, regarde comme je l'ai déjà oubliée…

– Je vous en ai déjà parlé à tous les deux. Il y a des carrefours qui sont signalés au fond de vous et je sais que vous saurez les reconnaître si votre vie ne tente pas de se superposer à la mienne. Vous serez parfois habités par des impressions ou des certitudes qui seront le reflet des schémas esquissés ici ensemble.

– Pourquoi dis-tu "ensemble" ? Il me paraît plutôt que c'est toi seule qui choisis ta direction...

– Je ne la choisis que conformément à ce que nous pourrons et devrons vivre ensemble. Je vous la propose pour continuer notre histoire commune. Cependant, il vous appartiendra toujours de l'accepter ou non. Je vais vous bâtir tandis que vous me bâtirez et si nous savons préserver la trace de ce que nous sommes au-delà de nos corps, ce ne sont ni des prisons que nous édifierons ni des carcans que nous endosserons mais des pages que nous apprendrons à tourner d'un même geste.

– Sais-tu donc de quoi demain sera fait ? »

La jeune femme a éprouvé le besoin de se relever tout en posant cette question et son interrogation a généré dans l'espace une clarté jaunâtre qui trahit une peur. Les murs illusoires du salon se sont alors rapprochés, miroirs parfaits d'un espace mental qui se comprime.

« J'ignore de quoi demain sera exactement fait, reprend Rebecca d'une voix égale. On m'a seulement enseigné de quoi nous pourrions le faire. On m'a montré quelles étaient les portes qui s'ouvriraient et celles qui se cadenasseraient. On m'a, en fait, un peu plus instruite quant au rythme de la vie terrestre et j'y ai vu une succession de nécessités inéluctables entrecoupées de merveilleuses opportunités.

– Qu'est-ce qui est inéluctable ?

– La transformation... la transformation, maman. La matière elle-même de ce monde où nous allons vivre ensemble est entrée en mutation. Déjà, elle n'obéit plus aux mêmes lois qu'autrefois. Le petit corps que tu aides à façonner en cet instant précis ne se conforme déjà plus tout à fait aux règles en apparence inébranlables des générations passées. Ses molécules ont acquis un peu plus de finesse et peuvent élargir leurs champs de combinaison puis d'extension. La matière est intelligente, je te le dis à nouveau. Elle prend conscience d'elle-même au fil des âges. Les cellules apprennent à penser à l'image de l'âme qui les génère. Elles apprennent à aimer si on les y invite. Chacune d'elles doit devenir un soleil là où elle est placée. C'est cette faculté d'auto-conscience des cellules qui va permettre au monde qui s'ouvre de faire un bond vers la Lumière. Cela se traduira par une possibilité de régénération plus grande des tissus, si toutefois notre monde intérieur se débarrasse de ses fers.

Je veux dire, vois-tu, qu'une extraordinaire opportunité de croître, jusque dans le physique, va nous être donnée. Il faut seulement que notre cœur suive… et fasse sienne cette nouvelle proposition de la Vie. C'est pour cela que le fœtus que tu abrites et que nombre de ceux qui, comme lui, attendent leur heure ont la possibilité de naître plus conscients que par le passé, avec le centre de leur cœur plus dilaté.

– Je sens au fond de moi ce que représentent ces centres. Je n'en ai pas la claire vision mais ils me semblent correspondre à une très vieille connaissance masquée par je ne sais quelle coquille.

Il est des heures de la journée ou de la nuit où je te devine plus présente au fond de moi… Est-ce donc la force de ta conscience ou l'activation de ces centres qui crée cela ?

– Peut-être les deux à la fois… mais, vois-tu, il est exact que selon les rythmes de la journée, les plexus d'un fœtus se dilatent ou se rétractent et modifient par conséquent les rapports de la mère avec son enfant. Il ne servirait pourtant à rien que tu tentes de mémoriser le détail de cette horloge subtile ; tu dois simplement savoir que, quel que soit l'instant, l'un des plexus de mon corps qui se parachève est toujours comme une porte ouverte sur ce même plexus en ton corps. Je veux parler du centre de nos deux cœurs. Lorsque tu souhaites me communiquer quelque chose ou inversement, lorsque tu espères recevoir quelque chose de moi, utilise cet itinéraire privilégié entre nos deux êtres.

– Mais comment ?

– Comment ? Mais... sans trop te poser de questions ! En plaçant simplement tout ton amour au creux de ta poitrine, semblable à une belle boule de lumière. Alors, pendant quelques instants, tu ne dois rien projeter vers moi, pas même tendre ta volonté. Adresse-moi seulement la parole comme si je me trouvais déjà là, debout devant toi, car en réalité je serai là, appelée par ta sincérité. Là d'où je viens, j'ai appris que la simplicité représente toujours le chemin le plus direct. »

Brusquement autour de nous, une zébrure s'imprime dans la lumière. Le salon et son gros fauteuil se désagrègent comme sous le choc d'un claquement de tonnerre que nous ressentons presque jusque dans notre centre.

Alentours dans l'espace immaculé qui s'est imposé, plus rien ne persiste désormais du rêve de la jeune femme. Son espace mental a éclaté et nous voilà tous trois face à nous-mêmes, tentant de découvrir un nouvel équilibre. Aussitôt pourtant, les murs de la chambre mauve surgissent du néant et reprennent leur place autour de nous, presque sous nous qui nous croyons rivés en quelque point imprécis du plafond.

Le crépuscule a tout envahi. Figée dans une espèce de demi-conscience, la mère de Rebecca, les sourcils froncés et les yeux un peu hagards apparaît à nouveau au fond de son lit. Lentement sa silhouette tente de se redresser et une main sort de dessous la couette afin de chercher un interrupteur quelque part sur la table de chevet.

Au fond du couloir, cependant, une voix résonne, forte, intempestive, malhabile. Par intuition nous savons aussitôt qu'il s'agit de celle d'un coursier et que nous lui devons ce brusque retour à une autre réalité.

Intérieurement, nous soupirons… il y a là comme un goût d'inachevé.

Le visage de notre amie passe alors devant le nôtre tandis que nous ressentons la présence de son corps si menu qui semble chercher une protection. Un souffle s'en échappe.

« Tant pis… la suite sera pour plus tard… »

Rebecca n'a guère le temps d'en dire davantage. À l'autre bout de l'appartement une porte a claqué.

« Qui était-ce ?

– Rien… juste un livreur qui s'est trompé d'étage ! C'est lui qui t'a réveillée ?

– Écoute, je ne sais pas où j'étais… j'ai fait un rêve étrange. D'abord je me trouvais dans une sorte de maternité et ensuite, sans trop savoir par quel chemin je me suis retrouvée au salon en train de bavarder.

C'est flou mais il y avait trois personnes que je connaissais et j'étais un peu comme à l'école avec une petite fille qui me parlait sans cesse. Je ne sais plus ce que nous disions mais c'était très fort et cela me donne presque envie de pleurer… comme si j'avais refermé trop tôt un livre racontant une belle histoire.

Je me demande vraiment si ce n'est pas elle qui vient me voir, poursuit la jeune femme en posant une main sur le galbe de son ventre. Ne te moque donc pas ! »

Feignant de ne pas avoir entendu son épouse, le père de Rebecca part soudain d'un grand éclat de voix joyeux.

« Allez, cette fois je la décroche du mur cette affiche. Je l'ai trop vue cette plage ! Si tu es sur pied demain, nous pourrions chercher quelque chose d'autre.

– Que se passe-t-il, papa ? Que se passe-t-il ? À chaque fois que tu parles de cette image, il me semble que quelque chose se tord en moi. C'est rapide, mais ça fait mal. J'ai toujours peur que cela me renvoie loin d'ici, loin de vous… »

Notre amie s'est presque agrippée à l'aura de son père. Elle cherche à se fondre dans la multitude de ses radiances, peut-être dans l'espoir de faire parler celles-ci et d'en extraire un vieux secret. C'est un sentiment proche de celui de la révolte qui l'habite et contre lequel nous savons que nous ne pouvons rien car il n'obéira pas au raisonnement. Une logique qui lui est propre le nourrit et lui procure une force quasi viscérale. Une logique, nous ne pouvons plus en douter, qu'un événement a dû jadis incruster profondément dans la chaîne des atomes-germes. Combien faudra-t-il de temps pour mettre à nu ses rouages, pour fragiliser leur assemblage et enfin en détendre le ressort ?

Tandis que l'affiche s'est vue roulée sur elle-même puis reléguée dans un coin de la chambre, nous avons observé notre amie se détacher lentement de son père, cherchant en elle et dans notre regard une nouvelle énergie.

« Ce n'est rien, finit-elle par dire, en s'abandonnant pour la première fois à l'étreinte de nos bras. Je comprendrai bien un jour… Je me suis parfois demandé si je ne ferais pas mieux de revenir dans le corps d'un garçon. Sans doute à cause de ces réactions que je ne cerne pas !

– Tu en avais donc le choix, S... ?

– Je l'ai eu à un moment donné. Mes amis me l'ont signifié clairement, mais il y a une fibre féminine tellement ancrée en mon âme que j'ai su tout de suite que je me ferais ainsi violence. Ce n'est pas le but, cette violence que le corps peut infliger à l'âme ; en tout cas, ce n'est pas le mien. Certains sont parfois contraints de l'accepter, mais je suis trop femme pour pouvoir vivre harmonieusement une telle éventualité, ne croyez-vous pas ? »

Nous ne trouvons rien d'autre que le sourire puis le rire pour répondre à cette affirmation de notre amie et il n'en faut pas davantage pour détendre les traits de son visage.

« C'est vrai, dit-elle, comme pour se justifier encore un peu plus, une âme a une polarité bien précise et il n'est pas toujours facile pour elle d'en emprunter momentanément une autre !

– As-tu déjà vécu ce changement de sexe lors d'une existence ?

– Nous l'avons tous vécu, non pas une fois mais à plusieurs reprises, vous pouvez en être certains. Cela correspond, sur un plan universel, à une loi d'équilibre et de compensation... ainsi qu'il nous arrive aussi de changer de race, même si l'une d'elles représente plus particulièrement notre port d'attache.

J'ai bien vu, maintenant, qu'il y a des nécessités que l'on ne peut contourner. Il ne sert à rien de philosopher longuement sur leur réalité ou sur leur utilité car elles incarnent l'équité totale.

Pour ne parler que de mon cas, je sais – car je l'ai revécu intérieurement – qu'il y a fort longtemps j'ai mené une vie de femme parmi les peuples du Nord au cours de laquelle j'ai méprisé la nature masculine. Ainsi que Beaucoup de mes compagnes, à cette époque, j'ai abusé de mon pouvoir, de mon ascendant dans une société bâtie sur des règles matriarcales. Il a fallu longtemps avant que je comprenne le simple bon sens de la complémentarité... et je ne suis pas un cas isolé.

– Nous imaginons que la seule réflexion n'a pas suffi à rééquilibrer le fléau de la balance.

– Évidemment. Alors, voyez-vous, à plusieurs reprises la Vie m'a demandé de revêtir le corps d'un homme afin d'en admettre les réactions et d'en apprécier aussi la dignité. La première de ces existences m'a vraiment été imposée par des guides de lumière. Leur motivation et leur volonté étaient justes. Ces êtres ne se posaient que comme intermédiaires ou interprètes de la Loi universelle mais mon âme était aveugle dans ce domaine et j'ai refusé le changement d'état qu'il me fallait expérimenter. C'est pourquoi pendant toute une vie, dotée d'un corps d'homme et d'une conscience qui avait refusé d'emblée d'adopter un comportement masculin, j'ai vécu les difficultés de l'homosexualité.

Bien sûr, toutes les incarnations de ce type ne sont pas dues à des origines de même nature, mais cela en représente, je crois, un exemple assez parlant.

– Le cœur du problème, S..., ne provient-il pas toujours de cette vieille notion de "refus" que nous avons tous tendance à reproduire ?

– C'est ce qui m'a été enseigné et que j'ai retenu pour l'avoir vécu dans ma chair. Ce refus obstiné d'un corps masculin m'a contraint après cette existence que je viens d'évoquer, à renouveler l'expérience. Cette fois-là, c'est mon orgueil qui l'a emporté. Ma vision des hommes s'annonçait encore tellement faussée et pleine d'a priori que j'ai reproduit afin de m'incarner davantage, ce que je m'imaginais être l'apanage systématique du sexe masculin. Je veux dire que je me suis fabriqué une vie de petit seigneur campagnard qui a écrasé les femmes et qui en a souvent abusé.

Savez-vous, mes amis comment je suis enfin venue à bout de cette difficulté ? En acceptant, après maints détours, une existence de résignation dans le harem d'un sultan. Au départ de cette vie, cela correspondait à une punition que je voulais m'infliger et je n'aurais sans doute rencontré que frustrations et humiliations stériles si des guides de lumière n'avaient provoqué des rencontres capables de désamorcer en moi toute notion de rancœur.

Je crois maintenant que la véritable découverte de moi-même et de la beauté de la Vie date d'un état de compréhension qui a éclos en moi précisément à la fin de cette existence.

Voilà en fait l'histoire abrégée et, somme toute banale, d'une âme toute aussi banale à la recherche de l'équilibre des polarités. Relatez-la si vous pensez qu'elle peut aider certains... Maintenant, pour en revenir au présent et à ce qui m'unit à mon père, c'est autre chose.

Si je ne veux pas enfoncer les portes, je ne souhaite pas non plus les refermer, ce qui aurait été le cas en tentant de prendre un corps masculin. Quelque chose de très fort me le dit. »

Dans la chambre des parents de Rebecca la vie nocturne, s'est entre-temps peu à peu organisée. Les joues encore teintées par des accès de fièvre, la mère de notre amie boit à petites gorgées un bol de potage tandis que son compagnon s'est assis d'un air las mais satisfait sur le rebord du lit. De l'index, il gratte machinalement l'un des motifs de la couette.

« Finalement, hasarde-t-il, je suis vraiment heureux que l'échographie ait prévu une fille…

– … Parce que tu crois vraiment que c'est l'échographie qui l'a prévue ? »

Face à ses parents qui plaisantent et se sourient, Rebecca s'est peu à peu éloignée de nous pour se blottir quelque part dans la chambre, là où une certaine qualité de paix, une certaine pureté de lumière viennent de naître au creux de deux auras.

Que nous reste-t-il à faire sinon à nous effacer ?

Au-delà des terres et de l'océan il y a deux corps qui attendent et qu'il nous faut rejoindre afin de retranscrire… cette septième marche.

Chapitre VIII

Mai

Nous voguons au cœur d'une sphère de lumière jaune… attirés dans sa substance fraîche et douce par le même élan, la même confiance qui nous ont toujours unis à celle qui n'est plus Rebecca. Sa matière est étrangement vivante, parfaitement tangible, presque malléable. Elle suggère à la fois un espace clos, bien circonscrit par la force qui la génère mais aussi paradoxalement illimité ou tout au moins extensible à l'infini.

Des courants y circulent, telles des vagues sur la crête desquelles nous captons des bribes de mots et des images furtives aussi fragiles que de petits esquifs de papier. Selon une mystérieuse orchestration, cette lumière, ces mots, ces images dégagent tout ensemble une odeur ou plutôt un parfum familier.

Nous sommes « chez elle », à n'en pas douter, car cette matière enveloppante ressemble trop à l'écran de ses pensées. Oserons-nous dire qu'après ces mois d'intense communion nous en reconnaissons presque instinctivement la texture ? « Dis-moi comment tu penses et je te dirai... » La sphère mentale d'un être, sorte d'empreinte digitale de son âme, demeurera toujours unique. C'est un livre tellement bavard !

« Êtes-vous bien là ?... Je vous sens si près... Permettez-moi de ne pas ouvrir les yeux sur vous. Il me faut encore rester ainsi... Un peu... Dans le ventre de ma mère. Je veux encore interrompre le temps, ralentir le fleuve de mes pensées pour mieux visiter le corps et la terre qui m'accueillent. »

Un sourire intérieur s'échappe de nous et nous nous taisons, respectueux du creuset dont l'accès nous a été ouvert.

Dans cet océan de lumière, lentement alors et comme si un nouveau seuil avait été franchi au-dedans de nous, le battement d'un cœur se fait entendre. Nous devinons par cela que nos propres vibrations nous ont approchés de la Terre. Bientôt, nous le pressentons aussi, c'est le rythme doux d'un flot sanguin qui va s'immiscer dans notre être.

Nous faisons le point et quelque chose nous dit que nous nous tenons dans l'aura mentale de notre amie et que celle-ci englobe à son tour celle de sa mère pour la recouvrir de sa paix. Ce n'est pas une volonté qui s'exprime ainsi mais une nécessité de vacuité à laquelle nous aussi, nous nous abandonnons quelques instants. Puis, comme une clochette, la voix de S... se met à nouveau à tinter tandis qu'autour de nous la clarté s'agite et entame une danse paisible.

« C'est ici que je m'efforce d'habiter de plus en plus, dit-elle. Mon corps devient de jour en jour semblable à un appartement dans lequel j'apprends à me déplacer. Certaines pièces me sont encore inconnues mais leurs portails s'ouvrent les uns après les autres, tranquillement. Ce sont les longs corridors de mes jambes et de mes pieds que j'habite le moins…

– S… peux-tu nous dire…

– Oui, je voudrais vous dire que je vous vois maintenant ou plutôt que je devine vos contours tout comme je perçois clairement la silhouette de maman. Vous êtes en moi, vous êtes tous en moi, ainsi que ce monde que je vais essayer d'aimer.

Cela fait peu de temps que je sais cela… Je veux dire… que j'ai compris que ma qualité d'amour et de quiétude peut expanser le rayonnement de mes corps subtils jusqu'à englober celui de ma mère… et quelquefois celui de ceux que j'aime. C'est pour cela que vous êtes tous en moi en ce moment, tout au moins dans ce champ de force que mon mental et mon cœur réunis parviennent à créer.

Non, je vois ce que vous pensez… Non je ne suis pas exceptionnelle. Je sais maintenant qu'au huitième mois de la gestation il est toujours offert à l'âme qui revient d'écarter un voile de plus et de renaître davantage à elle-même en prenant conscience de son propre potentiel de richesse. Voyez-vous, je sais aussi qu'en dilatant mon aura au-delà de celle de ma mère je peux communiquer avec elle autrement et de manière plus constante que par le rêve.

Alors, ce qui, dans la bouche de maman, s'appelle impression ou intuition n'est autre désormais que la communication…

– En est-il ainsi pour chacun de nous, pour chaque famille ?

– La possibilité en est offerte à chacun. Sa réalisation est une question d'ouverture de cœur, de clarté de conscience.

Ainsi, mes amis, cette sensation d'unité que ressent souvent la mère et hélas plus rarement le père, avec l'enfant qui s'apprête à naître ne s'explique pas seulement sur le plan viscéral ou biologique. Elle résulte d'une interpénétration des auras et plus particulièrement des auras mentales. En cet instant même, si maman est physiquement enceinte de mon corps, je me sens psychiquement enceinte d'une partie d'elle-même… par ce qui est de mon énergie propre et qui circule en elle.

C'est un équilibre à créer, puis à maintenir non seulement jusqu'à la naissance mais encore pendant quelques années car il a des incidences sur le métabolisme de chacun.

– Cela t'est-il pénible de nous en parler ? Nous comprendrions fort bien qu'un peu de paix te soit nécessaire et que tu puisses simplement préférer jouir de l'instant présent.

– Je mentirais en affirmant que toutes ces informations que je tente de vous communiquer me sont aisées à fournir. Il me serait plus facile certes de me laisser glisser mais je n'ai jamais oublié que je me suis engagée à parler pour ceux qui voient la vie, autrement que comme un savant engrenage de réactions chimiques et électriques. Et puis, sans peut-être le savoir, vous m'aidez. Ce travail agit sur moi avec la force d'un soleil qui m'oblige à mûrir plus intensément. Vous me labourez en me mettant en quelque sorte face à mes propres tempêtes et à la moindre de mes métamorphoses.

Ce qui m'aide le plus, savez-vous, c'est sans doute cette nécessité qui m'est imposée de m'exprimer de façon adulte. Depuis que la notion de temps terrestre a recommencé à déposer puissamment son empreinte en mon être, c'est-à-dire véritablement depuis le sixième mois, l'étroitesse de mon corps physique me suggère des attitudes mentales qui parfois me révoltent et en tout cas me provoquent des élans de colère.

En effet, plus mon corps pèse, plus je l'habite longuement et plus je me sens prise dans des périodes d'engourdissement... cérébral ou plutôt de paresse intellectuelle. Ainsi, sans les sollicitations de ma tâche, l'attraction de la Terre aurait tendance à me rendre plus végétative que je ne le souhaiterais. Je sais que c'est une loi générale imposée par le taux vibratoire de la planète mais je sais aussi que ce n'est pas un phénomène inéluctable.

J'ai bien compris que l'éveil se travaille. J'aimerais que tous les parents prennent conscience de cela afin que leur attitude pendant et après la grossesse change quelque peu...

– En quoi doit-elle changer ? »

Notre amie ne répond pas immédiatement à la question. Dans sa présence qui nous enveloppe nous devinons un peu de gêne, un peu d'amusement mais surtout une volonté d'être bien comprise, de trouver les mots justes.

« Il faut... Il faut cesser d'infantiliser ceux qui s'en reviennent ! Il faut s'adresser à eux avec des mots qui soient des mots et des phrases qui ressemblent à des phrases, puis avec des élans qui ne deviennent pas des tentatives d'annexion de leur personnalité de nouveau-né. Je veux dire que ce sont des adultes qui s'en retournent vers d'autres adultes et que les parents doivent maintenir leur conscience ouverte en cessant de s'adresser à eux avec des termes et des notions déformés, atrophiés.

S'ils ne le font pas, croyez-moi, ils leur gorgent la conscience de somnifères. Je ne veux pas prétendre que nous comprenions tout du monde terrestre lorsque nous sommes dans le ventre de notre mère, ni bien sûr les premières fois que celle-ci nous serre dans ses bras. Je cherche seulement à suggérer le fait que nous observons et comprenons bien plus qu'il n'y paraît et qu'il ne faut pas nous contraindre à régresser en ne nous abreuvant que de gazouillis. Il faut offrir de la tendresse… sans oublier une graine d'intelligence. Nous avons soif d'amour et de lait mais nous avons soif aussi de grandir.

Avant que je m'en revienne vers vous, j'ai vu des images de parents qui parlaient de métaphysique avec leur futur enfant et d'autres qui entretenaient de longs discours savants avec leur nouveau-né. Ce ne sont pas, bien sûr, ces positions extrêmes et d'une certaine façon naïves que nous souhaitons. Je prie seulement pour que mes parents et tous les parents s'adressent à leurs enfants avec des concepts et des mots simples mais qui signifient quelque chose de structuré. Si tel n'est pas le cas, les formes-pensées qui s'échappent d'eux et qui sont souvent de désordre et d'infantilisme ont tôt fait d'aller étouffer celles du nouveau-né qu'ils tiennent dans leurs bras.

Est-il vraiment si difficile de trouver un juste milieu ? Lorsque nous naissons à la Terre nous n'avons besoin ni d'une lumière éblouissante ni d'une ombre lénifiante.

Les formes-pensées issues du rayonnement mental des parents se substituent aisément à celles du nourrisson dont l'aura présente peu de défenses. Dès lors, elles agissent ou comme un ferment et un pacificateur ou comme un couvercle de plomb et un agent de déstructuration. Il arrive hélas très souvent que des parents étouffent le rayonnement mental de leur enfant dès les premiers temps car ils ne voient pas en celui-ci une individualité à canaliser et à respecter mais une matière à modeler qui leur appartient intégralement. Mes amis m'ont enseigné que certains retards dans le déploiement du plexus laryngé étaient explicables par cela et j'ai aussi retenu qu'une telle attitude erronée rendait plus lent l'arrimage des corps subtils au corps physique. Tout cela, avouez-le, ne résulte pas de connaissances bien extraordinaires, mais d'une logique toute simple que le seul bon sens permet de mettre en application. »

S... sombre à nouveau dans un silence que nous devinons indispensable. Il est pour elle semblable à la bouffée d'air pur à laquelle rêve le plongeur en apnée. C'est du moins ce que nous avons perçu à son contact et par l'effort que sa voix a commencé à traduire.

Au cœur de notre océan de clarté jaune, seul le battement régulier d'un cœur parvient encore jusqu'à nous et fait perdurer dans notre conscience la réalité d'un univers physique. Il représente un point de repère que nous ne voulons pas perdre. Sans attendre, S... l'a deviné. Elle murmure...

« Oui, c'est bien mon cœur que vous entendez. Il y a une telle fluidité de communication entre les différents corps de celui qui va naître qu'en fait, ceux-ci représentent une unité globale. Vous voyez, c'est lors de la naissance que tout va commencer à se séparer, à se cloisonner.

– Ne t'arrive-t-il pas de vivre de tels cloisonnements comme une limitation ou une régression ? »

La lumière où nous baignons devient soudain plus acidulée et de petites zébrures à la couleur indéfinissable entreprennent de la traverser, l'espace d'un court instant.

« Oh... je devrais vous dire "oui"... parce que c'est ainsi qu'il m'arrive de le ressentir. Pourtant, je sais qu'en réalité la réponse est "non". Il n'y a pas de régression. Le cloisonnement relatif qui s'installe entre les différents corps à l'heure de la naissance doit, en fait, être vu comme un verrouillage de sécurité afin que les multiples perceptions et la sensibilité générale de l'être ne soient pas à vif.

Tout le chemin de la vie et l'apprentissage de la sagesse consistent justement, quant à eux, à rétablir progressivement et de façon équilibrée cette fluidité entre les divers niveaux de la Vie.

Cette Vie, mes amis, au seuil du nouveau corps qui m'est offert, je la vois plus que jamais comme une succession de pertes... ou plutôt comme une approche de la notion de perte. Perte de tout ce qui n'est pas vraiment nous. Abandon des peurs, effritement des zones interdites, dépouillement du masque.

– Tu parles de peur... l'éprouves-tu encore parfois, maintenant que ton corps est déjà prêt à lancer un premier cri ?

– Si je ne la ressentais plus, je pourrais aisément prendre possession de ce corridor un peu froid que sont mes jambes. Celui qui conserve une crainte de prendre racine dans la chair habite toujours assez difficilement cette partie du corps. Comprenez-vous le pourquoi de certains problèmes de circulation sanguine ?

Nous sommes tous passés maîtres dans l'art de l'autocensure et de l'auto-asphyxie.

– Tu étais pourtant heureuse de prendre un nouvel habit, une autre identité.

– Je le demeure... Ma petite crainte c'est toujours celle de ne pas être à la hauteur de ce que mon diable d'ego s'est fixé comme objectif. Il me reste quatre petites semaines pour dominer cela ! Après, ce sera plus difficile à déraciner.

– Pour dominer cela, certainement pas... pour le perdre oui ! »

En guise de réponse, S... part dans un grand rire très clair, presque puéril et qui contraste avec la maturité de ses paroles.

« Un petit mois pour désamorcer un gros "moi" ! » ajoute-elle avec le même élan de joie tandis que, dans la clarté qui nous unit, de grandes fumerolles roses dessinent une arabesque fugace.

« Vous ne pouvez pas imaginer de quelles graines nous nous ensemençons tandis que notre corps se façonne !

Écoutez... ma dernière existence sur Terre s'est conclue par une maladie qui m'a soudainement épuisé le foie. À cette époque j'ai nourri, lors de mes dernières semaines, un véritable désespoir face à l'inexistence d'un remède approprié. J'ai revécu tout cela il y a peu de temps alors que je croyais l'avoir oublié. C'est l'atome-germe de mon corps émotionnel qui a été le moteur d'une telle réminiscence sous l'action d'une sorte d'examen de conscience sans doute excessif que je me suis imposé. En faisant renaître en moi la crainte d'une fragilité hépatique j'ai permis l'implantation sur mon corps physique d'une petite tache qui apparaîtra à même la peau, très précisément dans la région de mon foie.

J'en ai instantanément senti les picotements annonciateurs. J'ignore totalement si cette marque persistera ou au contraire s'effacera rapidement mais je sais qu'elle sera dépendante d'un certain "lâcher-prise" et d'une confiance que je devrai développer surtout pendant les premiers temps. Je vous parle de ce phénomène parce qu'il illustre un mécanisme courant et explique la présence de la majorité des signes qui apparaissent à la naissance sur la peau d'un être.

– Il est assez étonnant de t'entendre prononcer le terme de lâcher-prise dans un tel cas. Peut-on espérer un "lâcher-prise" de la part d'un nourrisson ? Celui-ci peut-il dominer des craintes ou des anxiétés ?

– Il le peut parfaitement car, dans la plupart des cas, m'a-t-on dit, des bribes de souvenirs très précis demeurent en lui pendant au moins quelques mois. Le rôle des parents est alors particulièrement important, non seulement dans la teneur des paroles qu'ils lui adressent, mais aussi et surtout par l'authenticité de l'amour qui se dégage d'eux. L'amour, voyez-vous, le véritable amour, et non pas cette sorte de marchandage affectif que l'on affuble du même nom, est toujours perçu par le nouveau-né sous la forme de flammes d'un rose très particulier, parfois auréolées d'orangé, qui se dégagent d'un être.

On ne peut pas mentir avec celui qui vient de naître ! Ce ne sont pas les mots qu'il comprend – encore qu'il peut en avoir assimilé un certain nombre dans l'aura de ses parents – mais les vibrations intimes de tout ce qui l'entoure. »

Tandis que notre amie achève d'égrener ces paroles avec un soin tout particulier, le nuage infini de lumière jaune dans lequel nous baignons encore entame une lente métamorphose. Nous vivons en lui quelques minutes comme au sein d'une brume qu'un léger vent dissipe, incapables de situer le corps de notre conscience et de l'arrimer davantage à quelque repère tangible. Il nous faut continuer à nous contenter d'être, alors que tout se meut et qu'une vie secrète se développe dans l'espace alentour.

Une force nous tire légèrement en arrière… puis, tout devient blanc et chaud comme dans un cocon douillet.

« C'est le nid de mon âme, murmure une voix enfantine. Désormais, je ne sors plus d'ici que pour rejoindre Maman. »

À peu de distance de nous, quelque part dans le “cocon”, une toute petite fille nue est assise à même le “sol”. Ses yeux nous paraissent démesurément grands, étonnamment écarquillés et nous observent avec une intensité presque troublante.

« Est-ce bien toi S... ? »

Question absurde mais que nous n'avons pu contenir et à laquelle la petite présence répond simplement par un beau sourire.

Combien de temps restons-nous ainsi à nous contempler mutuellement ? Nous ne saurions le dire, mais il y a assurément quelque chose d'émouvant qui s'exprime à travers ce contact muet. Nous ne pouvons dénommer la force qui l'habite, pourtant elle existe bien et c'est tout ce qui compte car elle parle de lumière et de complicité.

« Comment franchir le sas sans se dépouiller du superflu ? chuchote la petite forme, un accent de plaisanterie dans la voix. Entre la vieille femme qui s'apprête à mourir et la fillette qui se prépare à naître, il y a si peu de différence...

Vieillesse, jeunesse... plus je m'en viens vers vous moins je sais ce que cela signifie ! Et je puis vous dire que tous les nouveau-nés ont cela dans le cœur. C'est un bien singulier mélange d'espoir et de frustration, de regrets, de joies et d'impatiences.

Parfois, lorsque mon corps se soulève involontairement dans le ventre de ma mère, sous l'impulsion des éléments qui parachèvent leur mariage, il m'arrive de vouloir pousser la porte pour en finir. Alors, j'ai bizarrement envie d'apprendre à nouveau à respirer autre chose que de la lumière. Dans ces moments-là, il y a comme un souffle intérieur qui me dit “non, non”. Je sais que je pourrais passer outre et précipiter ma venue car le libre arbitre nous est donné jusqu'au bout mais je sais aussi que sans d'impérieuses raisons ma décision ne serait pas juste.

– Tu veux dire S…, que tu connais déjà le jour précis et l'heure de ta venue…

– Bien sûr, mais cela n'a rien d'extraordinaire. Nous sommes tous dans ce cas lorsque nous nous apprêtons à naître, à moins de vivre le processus de façon particulièrement inconsciente. Ce sont de très grands êtres qui nous guident et qui décident de tout cela car en dehors de quelques intuitions très fortes et irraisonnées nous ne manifestons pas une vue des choses suffisamment étendue pour prendre nous-même la plus juste résolution. »

Notre amie a prononcé ces mots avec une sorte de nostalgie non dissimulée et simultanément nous nous laissons absorber dans l'immensité claire de son regard. À vrai dire, nous préférons nous y abandonner totalement, presque nous y perdre et oublier l'univers quasi-informel qui nous entoure car le sentiment désormais éprouvé face à S… est tout à fait étrange. Il naît de ce contraste incroyable entre un petit corps fluet, en apparence si fragile, et une pensée aussi adulte.

Le regard de S… est le juste témoin de la maturité de son âme et de l'épanouissement de son cœur, voilà pourquoi en cet instant, nous ne cherchons pas d'autre horizon que lui.

« Et quels sont-ils, ces très grands êtres auxquels tu fais allusion ?

– Oh… je ne les ai vus qu'une fois… et tout au début du temps où j'ai su qu'il me fallait revenir. Ils sont distincts des amis qui m'ont guidée sur la route du retour. Si je vous les décrivais, cela en ferait peut-être rire beaucoup à travers les pages que vous allez rédiger ! En fait, je devrais utiliser des mots qui les feraient ressembler naïvement à l'idée que sur Terre on se fait des anges ! Ils en sont, si vous voulez mais quant à moi, je préfère me servir d'un vocabulaire que j'estime moins puéril et surtout moins "cloisonnant". Disons plutôt ensemble que ce sont des êtres dont le corps est désormais pure lumière et qui veulent se comporter avant tout comme nos grands frères ou nos grandes sœurs… juste parce que leur âme est plus ouverte que la nôtre et plus proche du Soleil !

Ceux qui se sont présentés à moi ne m'ont pas adressé un mot mais la seule vague d'amour dont ils sont venus me caresser a déposé dans ma conscience une sorte d'horloge interne très précise qu'il me faut respecter en toute humilité.

Ce que je puis dire c'est que je vais naître dans le signe zodiacal qui était celui du moment de ma dernière mort. Il en est ainsi pour chacun de nous car pour tous c'est la même "histoire" qui continue, même si d'un chapitre à l'autre nous intervertissons les rôles. Pour ce qui est de ces très grands êtres de lumière, je puis encore vous dire qu'ils ne viennent pas du monde des âmes… ou alors de ses extrêmes frontières avec le Soleil qui respire au-delà.

En tout cas, ce que j'ai reçu d'eux, sans doute l'espace d'un battement de paupières me laisse aussi un petit pincement au cœur. Ce n'est pas de la tristesse, loin de là. Cela ressemblerait même plutôt à de la joie, celle très confuse d'avoir un peu retrouvé la saveur d'un horizon que je connais depuis toujours mais que je ne parviens pas à déterminer. »

L'océan des yeux de notre amie pétille et nous comprenons qu'elle souhaite aborder un point qui patiemment attendait son heure.

C'est par un rire d'enfant, un peu désarmant, qu'elle achève de nous la suggérer… puis, s'en vient un profond et beau silence, le temps d'un inspir, d'un retour en soi.

« Je ne sais comment vous dire. Je voudrais revenir sur la notion de Dieu car j'ai trop peur maintenant de ce qu'il signifie dans la langue des hommes. Il est devenu une arme pour le sectarisme et le fanatisme, un prétexte pour dresser des barrières. Évidemment et je ne crains pas de le clamer à nouveau, je crois en Dieu mais certainement pas en ce dieu humanoïde, limité et limitatif qu'ont imaginé la plupart des habitants de la Terre. Le Dieu que j'ai commencé à approcher de plus près dans ce monde d'où je viens n'a rien qui soit cernable par un nom, ni même par une phrase. Il est une incroyable et bouleversante énergie d'amour qui peut se manifester à travers la plus infime chose existante dans l'univers. Il est aussi comme une conscience qui imprègne tout et dans laquelle nous naissons et croissons. Il est enfin, je le sais au plus profond de moi-même, totalement indissociable de nous tous. Je préfère ne pas lui donner de nom pour continuer à le voir en tout et en tous. Vous pouvez appeler cela du déisme ou du panthéisme, cela n'a pas d'importance en soi car c'est une vision qui génère du bonheur en mon cœur… et le bonheur n'est-il pas le but de toute vie ?

Voilà pour moi… voilà pour ceux qui étaient et qui demeurent mes amis dans le monde d'où je viens mais il y a bien sûr des sphères d'existence où un tel concept est beaucoup plus étroit. Ce qui me semble important de vous signaler c'est que jamais dans les univers que l'on appelle immatériels, un guide n'impose une vision stricte de Dieu. L'athéisme y est admis et respecté en tant que stade inévitable, parfois indispensable, sur le chemin de la prise de conscience. Ce que vous appelez "mort" n'écarte pas tous les voiles d'une seule bourrasque. Chacun avance à son rythme avec son seul courage et son libre arbitre. Il faut savoir, voyez-vous, qu'une âme qui s'en revient dans la matière peut délibérément choisir l'athéisme… parfois pour contrebalancer un excès inverse vécu antérieurement. On m'a appris qu'un certain mysticisme débridé pouvait conduire à une semblable prise de position. Avant de trouver son point d'équilibre, une âme a souvent besoin d'expérimenter les extrêmes. Il est autant de cas possibles que d'individus mais il serait injuste de parler de la plus ou moins grande maturité d'une âme sur le simple fait qu'elle est croyante ou athée. C'est la clarté de son cœur qui importe et non pas la philosophie ou la religiosité qu'elle affiche.

Je connais une amie, une amie très chère qui prend un corps sur Terre en ce moment même. Sa volonté est de refuser toute notion de Dieu. Elle a besoin d'expérimenter cette vision du monde pour un temps car lors d'une existence précédente elle ne pouvait admettre des raisons amenant à considérer la vie sous un autre angle que le sien. C'est l'intolérance, voyez-vous, qu'elle va combattre en elle.

– Sais-tu maintenant si certaines âmes s'incarnent avec une volonté délibérée de fanatisme religieux ou autre ?

– J'ai vu qu'on ne s'incarne jamais avec une volonté de fanatisme. Ceux qui vivent cela subissent leurs pulsions et leurs incompréhensions mais ils ne les… programment pas. Le fanatisme, mes amis, m'a été expliqué comme un dérapage de l'ego qui a peur de ce qu'il ne connaît pas et qu'il n'a pas la capacité de cerner. Il résulte finalement de la conception pervertie d'un idéal vécu tel un point d'ancrage absolu de cet ego face à son propre besoin d'être rassuré… »

À ce stade de son explication, la voix de notre amie s'interrompt net. La silhouette fine de la fillette a désormais repris sa pleine place dans notre champ de vision. Il semble qu'elle ait capté quelque chose et que ce quelque chose lui impose un repli sur elle-même. Avec une lenteur et une délicatesse extrêmes nous voyons alors son échine se courber et son front rejoindre ses genoux qui reposent à même le « sol » laiteux. Du plus profond de son mutisme et dans cette attitude presque fœtale, S... évoque maintenant en nous des images de spirales couleur azur qui paraissent vouloir nous absorber.

« Ils m'appellent, chuchote-t-elle enfin... Ils pensent à moi tous deux, au plus vrai de leur cœur... C'est comme s'ils m'appelaient. Leurs âmes unies génèrent ces spirales qui pénètrent mon espace mental. Voyez, voyez comme elles m'enveloppent et m'invitent à les suivre. C'est ainsi que des parents suggèrent une porte, tracent une voie à l'être qu'ils attendent. Qu'ils communient dans un même élan, qu'ils nourrissent le même espoir et ce sont mille bras de lumière qu'ils tendent à l'âme qui est de retour.

Ce que je vous dis là, n'est pas un vain assemblage de mots. Cela correspond à une force bien concrète dans le monde où nous sommes tous trois.

Cet instant me fait songer à l'heure où mes parents me conçurent physiquement. J'étais encore ignorante de bien des choses dont je vous ai entretenus mais je me souviens avoir vu venir à moi avec la fulgurance de l'éclair un rayon de lumière immaculé, si solide, si palpable, si large que j'ai eu envie de m'y engouffrer comme s'il avait été le plus bel escalier du monde.

– En est-il ainsi à chaque fois qu'un enfant est désiré ou tout au moins conçu dans un réel amour ?

– Oui, oui... Ce n'est pas tant le fait qu'il soit désiré qui fait la beauté de la voie s'ouvrant à lui, c'est la pureté de l'amour. Voilà la vraie clé, le passe-partout ! »

Tandis que les spirales de lumière azur demeurent et s'intensifient, nous éprouvons à notre tour le besoin de nous taire. Cependant, le corps de notre amie s'est à nouveau doucement recroquevillé sur lui-même. Il donne l'impression de sommeiller mais nous savons qu'il n'en est rien et que la conscience qui l'anime se maintient au contraire en total éveil.

Puis, soudain, alors que le temps se pétrifie, l'image fugitive d'une plage de sable fin s'immisce avec force dans notre esprit.

Simultanément, nous sentons que le petit corps qui se trouve toujours face à nous a sursauté. L'espace d'un soupir... et il se tient maintenant à deux pas de nos corps lumineux, les yeux plus écarquillés que jamais. Son étrange limpidité trace un sillon jusqu'à notre cœur... Il hésite entre le rire et les larmes.

« Il faut que je vous dise... »

Les lèvres de S... ne remuent pas. Ses paroles résonnent en nous, nous habitent et délivrent leur substance plus qu'elles ne l'ont jamais fait.

« Il faut que je vous dise... il faut que je vous parle encore d'une plage et tout sera dénoué en mon centre. Je ne puis reprendre un corps de chair sans avoir partagé ce souvenir. C'est une vieille, vieille malle qu'il me faut vider.

Vous savez... il n'y a que peu de temps que je l'ai retrouvé ce coffre aux souvenirs. Celui-là, je l'avais bien caché. Non pas au grenier mais au plus sombre de la cave, là où l'on n'aime pas traîner parce qu'on s'y trouve de plain-pied avec ses angoisses.

J'ai franchi ce pas dès que nous nous sommes quittés, aussitôt après notre dernière rencontre. C'est le geste de mon père ôtant une photo du mur qui a tout déclenché. Sa réaction a été le déclic que j'attendais sans même le savoir. En voyant avec quelle force son geste persistait en moi, j'ai eu la brusque sensation de deviner la présence d'une trappe sous mes pieds. Alors, je me suis baissée, je l'ai soulevée et je me suis enfoncée dans le sol, dans mon propre sol. J'ai vu que c'était une question d'humilité.

Tout au fond de moi, loin dans ma mémoire… il y avait une plage et des vagues chaudes qui venaient en lécher le sable. J'ai senti le soleil qui me burinait la peau et j'ai reconnu le goût du sel sur mes lèvres. Il y avait aussi un petit vent qui me mêlait les cheveux. Dans ma robe noire, j'avais mal aux yeux et je me moquais d'un homme vêtu d'une tunique courte, écarlate. Lui, se tenait devant moi, l'air triste et fatigué, les bras pendant le long du corps.

J'ignore pourquoi je me moquais de lui, mais j'ai continué longtemps. Alors, à un moment donné, j'ai vu son regard exploser ; il s'est jeté sur moi et nous sommes tous les deux tombés dans l'eau… Les vagues m'ont recouverte et j'ai goûté à leur écume. Ensuite, cela a été terrible. L'homme a essayé d'abuser de moi et j'ai résisté tant que j'ai pu, battue par l'eau poisseuse, mangeant presque le sable. Enfin, j'ai pu m'enfuir, ivre de liberté… et tandis que je courais je me suis retournée. Sur la plage il y avait la silhouette de l'homme qui pleurait, le front contre le sol…

Aujourd'hui, cet homme c'est mon père, voyez-vous. C'est Papa, cet homme dont l'amour avait été pour moi, un jour, en d'autres temps, objet de dérision.

À l'instant même où j'ai revécu tout cela, j'ai cru que je n'aurais pas la force de revenir. Tout paraissait si terriblement inscrit dans mes cellules ! Et puis brutalement, lorsque les images se sont interrompues et que je me suis vue ramenée à ma conscience présente, l'angoisse s'est enfuie avec la promptitude d'une nuée d'oiseaux qui s'éparpille dans le ciel. Je venais de poser mon bagage, stupide amalgame de culpabilité et de rancœur. Dès lors, vous pouvez vous imaginer le bonheur que j'ai ressenti. Il est venu me submerger tandis que je n'avais plus qu'un seul mot dans le cœur : pardon... Pardon envers moi-même, pardon envers cet homme qui, à dater de cette heure, est devenu plus pleinement mon père.

– Penses-tu que cette conscience t'a été donnée afin de bien mémoriser toutes ces choses dans ta vie à venir ? »

S... se met tranquillement à sourire puis lève les yeux vers nous en tentant de nous enserrer entre ses bras.

« Non, bien sûr... et c'est mieux ainsi. Ce fardeau que j'ai abandonné, c'est un peu un cadeau que je me suis fait, au bout de mon lâcher-prise. À moins que ce ne soit... Dieu qui m'ait fait ce présent !

Dans quelques semaines lorsque mon corps aura touché la terre plus dense, un voile sera tiré sur ce souvenir tandis que je désapprendrai qui je suis et d'où je viens. Il ne faut pas fausser le jeu ! Je ne serai plus qu'une petite fille libre d'admirer son père... d'autant plus libre qu'un étau aura été desserré.

Vous savez, à chaque seconde qui passe, je mesure mon bonheur d'avoir pu à ce point respirer le parfum du pardon. C'est une raideur qui m'abandonne et j'aimerais que mon exemple montre à quel point il peut toujours y avoir des portes à ouvrir, face à nous, à quelque stade de notre évolution que ce soit.

– Sais-tu si ce genre de réminiscence est fréquent pendant une période fœtale ? Peut-être représentes-tu l'exception ?

– D'après tout ce que j'ai pu comprendre ce n'est pas très fréquent, bien que mon cas ne soit pas non plus exceptionnel. Il faut le considérer simplement comme un "incident" de parcours qui peut survenir à n'importe quel moment de l'existence ou ne pas se manifester du tout.

La seule interrogation qui persiste en moi concerne mon père car je crains qu'il n'éprouve un peu de difficultés à se situer par rapport à moi. Il m'a été dit, et je l'ai pressenti dès le premier jour, qu'il oscillerait aisément entre la fermeté et le laxisme. Maintenant j'ai compris pourquoi et je ne l'en aime que davantage.

– Mais toi, sauras-tu préserver en toi ce sentiment de pardon et d'amour parmi les imbroglios que la vie terrestre se plaît à nouer ?

– Ce n'est pas la vie qui noue les imbroglios mais nous tous avec nos rancunes, nos égoïsmes et nos non-dits. J'ai confiance en la façon dont je poserai mon regard sur Papa parce que j'ai désamorcé à sa source la violence que je pouvais encore manifester envers lui. À cause de cela, il n'y a pas si longtemps, j'ai pu entrer en toute liberté dans un de ses rêves, nous avons longuement parlé… pas de ces choses mais de la direction de ma vie. À son réveil il ne se souvenait de rien, excepté de scènes très confuses dans lesquelles c'était lui qui était enceint. Cela l'a fait rire mais j'ai bien vu qu'il en était heureux… »

L'étreinte de notre amie s'est maintenant relâchée et ses paupières, presque pesantes ont progressivement recouvert le bleu de ses yeux. Nous n'avons plus en face de nous qu'un tout petit enfant qui cherche à se lover sur lui-même et ne peut ensuite faire autrement que d'estomper sa présence.

Dans son espace mental qui se modifie, nous nous sentons alors un peu comparables à des « pièces rapportées », visiteurs et pèlerins perpétuellement étonnés d'un chemin qui se trace à chaque seconde.

Insensiblement, la perception de demeurer dans un cocon de lumière a disparu et bientôt un foisonnement inouï de hautes herbes et d'arbres jaillit autour de nous.

... C'est le crépuscule et sous le corps de notre conscience un couple est allongé à même le sol non loin d'une lourde voiture garée négligemment sur le bord de la route. L'homme et la femme discutent à mi-voix. Ce sont les parents de notre amie. Tout semble paisible ici, en cette soirée de printemps où quelques bandes d'oiseaux sillonnent le ciel en silence. Tout est paisible mais un étrange et subtil ballet captive nos deux âmes avides d'apprendre. La silhouette azurée d'un nouveau-né accroupi parmi les herbes tente de se mêler à l'aura rosée du couple.

Quelques secondes d'émotion et nous reconnaissons la forme astrale de S... De ses doigts si fins qu'ils paraissent être des rais de lumière, elle s'ingénie et s'amuse à saisir des fumerolles multicolores qui s'échappent harmonieusement de ses parents. Nous croyons voir le jeu magique et mystérieux d'une harpiste cherchant à se faufiler entre les cordes et les sonorités de son instrument. Un peu de patience...

Voilà, c'est fait... Tel le vent qui vient se mêler au feuillage de l'arbre, le petit enfant s'est enfin fondu dans la radiance de ses parents. À l'image d'un somnambule, il s'y déplace maintenant selon un itinéraire connu de lui seul. Alors nos yeux cherchent à mieux comprendre... Ils cherchent et finissent par discerner de légers courants couleur de nacre le long desquels l'enfant glisse et ondule.

Quelque chose nous dit que celui-ci est en quête d'une porte, d'une voie d'accès à plus d'amour encore, à plus de réconfort.

Pressentant peut-être la demande, la jeune femme, qui depuis tant de mois est déjà sa mère, se redresse instinctivement et pose une main largement ouverte sur son ventre. À cet instant dans un profond étirement, un faisceau lumineux se met à tournoyer et à se déployer à hauteur de ses reins. Il fait songer à un cône de matière vivante qui s'enfonce dans son corps. C'est le tourbillon d'un plexus qui aspire et appelle à lui la Vie, c'est un murmure de quiétude.

Dans le silence de son âme, S… l'a entendu et l'a fait sien. Alors, doucement, avec une grâce et une douceur étonnantes, son petit être presque translucide commence à s'y fondre… puis disparaît.

Chapitre IX

Juin

Voilà seulement quelques instants nous étions encore rivés à nos corps de chair… C'est d'un seul coup que l'urgence s'est fait entendre. Pas un cri, pas un nom qui vient de très loin, pas un désir non plus… mais une sorte de certitude intérieure, sans contestation possible. C'était le jour, c'était l'heure, à n'en pas douter.

À aucun moment nous n'avons offert de résistance, acceptant de remonter le fil qui conduit le corps de notre conscience, au-delà de l'océan. Maintenant, c'est fait, nous y sommes, prêts à tout ou prêts à rien, au seuil de ce qui prend l'apparence d'une véritable initiation.

Un gros bâtiment est apparu puis aussitôt s'est effacé en nous absorbant.

Ici, au cœur de ce lieu qui nous a aimantés, il y a des cliquetis d'instruments métalliques et des bruits de portes à soufflets qui s'ouvrent et se ferment sans cesse. Tout est blanc, bleu, mauve.

En dessous de nous, de larges couloirs et de petites salles encombrées de chariots ou d'appareillages défilent à une vitesse vertigineuse.

Une seule question nous habite : où est-elle ? où est S… ?

Des hommes et des femmes marchent en tous sens, certains en blouses blanches ou vert pâle, d'autres en costumes de ville, l'air souriant, interrogatifs ou absents.

Soudain, une salle plus vaste que les autres nous aspire, un peu nue, un peu froide sans doute. Il y a là trois personnes autour d'une table sur laquelle se détache une silhouette féminine. Sans hésitation, nous reconnaissons la mère de notre amie.

À tour de rôle et avec beaucoup de douceur les trois personnes lui prodiguent des conseils que nous percevons à peine. Notre âme ou plutôt l'oreille de notre cœur est toute tournée vers la jeune femme dont la respiration tente de s'ordonner. Pouvons-nous lui offrir un peu d'énergie, un peu de paix ? Nous n'avons pas la possibilité de nous interroger longuement… Un regard, très pâle, très profond est venu se superposer au sien qui fouille les luminaires du plafond. S… est là et tout s'estompe autour de la prunelle de ses yeux qui nous sondent comme si nous possédions la clé de quelque énigme. Son visage tout entier prend maintenant place dans notre champ de vision. Son visage…

Il est loin désormais, celui de la fillette qui se confiait à nous il n'y a guère plus de deux semaines. Ses traits sont ceux d'un nouveau-né tel un bouton de fleur prêt à exploser, hors du temps, hors de tout, sans même une ride, sans la plus petite marque d'un sexe.

De ses grands yeux clairs semblables à des points d'interrogation, S… nous adresse un sourire. Maintenant nous savons que jusqu'au bout elle sera notre complice.

« Ah ! » fait-elle, simplement dans une sorte d'expir qui éclaire différemment son visage. Et, tout aussi simplement nous avons envie de lui répondre :

« Il était temps, n'est-ce pas ? Tu as cru que nous ne t'entendrions pas ! »

S... soupire à nouveau comme pour se défaire d'une tension que son regard ne trahit cependant pas. Puis, après un long silence, un flot de paroles s'élance enfin de son cœur vers le nôtre.

« Vous voilà... je n'arrivais plus à vous appeler. Il y a vingt-quatre heures que je ne parviens plus à quitter les radiances du corps de Maman. Je suis maintenant comme rivée aux courants de lumière qui jaillissent de son ventre et toute mon énergie semble avalée en elle. Je suis aspirée dans un tourbillon, dans l'œil d'un cyclone...

Aidez-moi, car ce que je craignais se produit, j'en viens à douter de tout. Il y a des instants où je crois perdre toute identité. Les pensées de Maman se mêlent aux miennes, ses interrogations deviennent les miennes et alors je ne sais plus qui je suis. Si elle est heureuse je me mets à pleurer de joie, si elle a froid je réapprends à trembler. »

Instinctivement, intuitivement, nos doigts ont réussi à saisir une petite main, une épaule puis une hanche qui gesticule de façon presque convulsive.

« Ce n'est pas moi qui bouge reprend S... d'une voix qui se fait hésitante. C'est elle, c'est lui, c'est mon corps. Toutes mes cellules, tous mes organes sont intelligents... ils savent ! Ils savent du savoir des Éléments ! Tous les minéraux de la Création vivent et pensent déjà en eux !

– S..., S..., ne pouvons-nous nous empêcher de demander tout en maintenant un étroit contact avec son petit corps, ce sont donc ces forces qui déclenchent l'accouchement ?

– Non… non… Ce sont elles qui génèrent les premières douleurs, ce sont elles qui remodèlent le corps de Maman et le dilatent, ce sont elles qui me font donner des coups de reins. Elles sont un moteur contre lequel je ne peux rien. Mais pour la naissance, non… C'est moi qui vais naître, de ma propre volonté, à l'instant où je sentirai très précisément qu'une lumière m'appelle. Celle d'une étoile…

– D'une planète ?

– Peut-être. Sans doute… mais j'ignore laquelle. Je sais seulement que je la reconnaîtrai. On en a si bien gravé la musique au plus profond de mon âme !

– On ?

– Les grands êtres de lumière… bien sûr ! Et depuis que cela s'est fait, il y a exactement vingt et un jours de temps terrestre, je ne suis plus tout à fait la même. Ma sensibilité devient autre. Comment pourrais-je dire ? La chair de mon âme semble vibrer selon une harmonique différente. C'est comme si un grand accordeur de piano céleste avait pratiqué sur moi une chirurgie. »

Brusquement, alors que la petite S… termine ces mots, nous nous sentons parcourus par un frisson dont la force évoque celle d'une impulsion électrique. Notre amie également paraît l'avoir ressenti. Ses paupières de nouveau-né se sont fermées et son front s'est plissé.

Pendant un moment elle demeure ainsi, plus recroquevillée que jamais et prise de soubresauts de moins en moins contrôlables. Faut-il que nous lui parlions ou a-t-elle besoin au contraire de s'isoler en elle-même ? Question stupide Cependant car nous savons fort bien que la moindre de nos pensées ne lui échappe pas.

« Parlez-moi, oui, parlez-moi… j'ai besoin que l'on me parle. Maman ne le fait pas alors que j'aime tant qu'elle m'adresse quelques mots... elle ne pense qu'à la douleur de l'accouchement !

– Tu devrais pourtant la comprendre cette douleur...

– Oh... je la comprends, je la perçois tellement moi aussi, mais si elle savait !

– Si elle savait quoi, S... ?

– Si elle savait qu'en me parlant, qu'en se centrant davantage sur ma présence, elle souffrirait beaucoup moins ! Ma forme de lumière demeure encore au niveau de ce que vous appelez son aura mentale. Nous sommes tellement proches l'une de l'autre, alors, si elle se tournait vers moi elle ne serait plus l'artisan des tensions qui la font tant peiner. Il y aurait soudainement un pont entre nous deux, un pont qui très vite deviendrait une véritable gomme à douleur. Lorsque l'on a peur, on cherche à se protéger et c'est alors que l'on ne parvient plus à donner... mais le don, voyez-vous, c'est la source de la décrispation, de l'espoir, de la lumière !

– Veux-tu dire, S..., que la souffrance que ta mère ressent est d'origine psychique ? »

Très lentement, S... entrouvre ses paupières puis plisse son nez dans une sorte de moue comique qu'elle ne parvient pas à contenir. Sa voix nous parvient alors avec plus de paix qu'auparavant, avec davantage de silence au creux des mots qu'elle colporte.

« Non... je me suis peut-être mal exprimée. Le corps et ses composants sont évidemment sources de douleur, mais c'est le psychisme qui en devient au fil des jours et parfois des mois le réel amplificateur. Une femme qui enfante ou qui va enfanter est si souvent polarisée sur elle-même et sur son propre corps qu'elle cristallise en son être la notion de la douleur. Elle la gorge de ses craintes, de ses doutes et parvient ainsi à la rendre infiniment plus présente qu'elle ne devrait l'être. On lui a tellement appris qu'elle devrait souffrir !

– Elle génère en quelque sorte, avant l'accouchement, des formes-pensées de souffrance.

– C'est le terme que je cherchais. Les différents degrés de manifestation de son âme s'auto-conditionnent et programment l'idée, la nécessité évidente de la douleur, jusqu'au tréfonds de sa chair. Voyez, mes amis, il en est de même pour moi. Depuis que nous partageons en paroles et en amour ces quelques instants, ma crainte s'est totalement enfuie et je me sens moins vulnérable face à celle de maman.

Notre maladie à tous est celle de l'égoïsme. Nous nous étouffons tous dans un réflexe tenace d'auto-protection au lieu de nous ouvrir à la confiance et à la Vie ! Dès qu'une possible difficulté apparaît, nous nous recroquevillons tels des hérissons, nous nous focalisons sur notre petite personne, incapables de nous rendre compte qu'agissant ainsi, nous ouvrons toutes nos portes au déséquilibre et à la tempête. Nos piquants de hérisson se retournent alors audedans de notre chair ! »

Les yeux de S... sont à nouveau comme deux perles claires. Ils ne nous lâchent plus et nous ne pouvons les abandonner tant ils expriment de choses que de simples mots seraient impuissants à traduire.

« Et ce long frisson qui nous a parcourus il y a quelques instants ?

– C'est un courant venu d'une brusque angoisse de Maman, rien de plus. Je suis pourtant heureuse que vous l'ayez ressenti car cela vous montre à quel point une mère et son enfant sont semblables à des vases communicants.

Cela vous montre aussi à quel point la paix qu'une future mère va essayer de cultiver en elle peut, de la même façon, ensemencer la paix chez l'être qu'elle va accueillir. »

Au fond de nous ou quelque part dans l'infini, nous ne savons trop, un cri, une plainte vient de retentir. Instantanément des rides se dessinent sur le front de S... dont le corps entame une contorsion.

« C'est la Terre, murmure-t-elle au fond de nous. C'est la Terre, déjà si proche. C'est Maman... Maman ne veux-tu pas m'entendre ? Je ne sais pas encore quand elle viendra cette musique qui me donnera la force de pousser la porte ! L'entendras-tu, toi ? Si tu me parles, je te la ferai deviner et tu m'aideras ! »

Un profond et chaud silence tombe alors sur nous trois. Il ressemble à une vapeur au centre de laquelle nous croyons aisément ne plus faire qu'un. D'où vient-il ? Peut-être de notre amie elle-même ? Peut-être d'une soudaine et belle communion avec sa mère...

Sur l'écran de notre âme, des scènes informelles se mettent à défiler, telles des vagues aux couleurs d'émotions nouvelles. Puis surgissent dans des éclats de lumière, des visages, des sourires et des pleurs. Il y a des explosions et des cieux qui s'ouvrent, des foules qui s'amassent et se disloquent, des êtres qui s'embrassent et qui rient. Tout se succède à une vitesse inimaginable comme un film dirigé par quelque opérateur à la volonté incontrôlable et à l'imagination débridée.

Seraient-ce là des bribes échappées de la trame d'un probable futur ?

S. ne répond pas. Sans doute continue-t-elle à vivre dans le mystère de quelques-unes des scènes dont nous venons de nous extraire.

Une fois de plus, des cliquetis métalliques se font entendre, puis c'est une voix douce mais ferme qui vient à nous. Enfin, une musique feutrée et une respiration saccadée paraissent résonner dans un grand espace. Pendant une seconde, alors, nous croyons chuter... mais déjà les yeux de notre âme découvrent la salle d'accouchement.

La mère de notre amie y est maintenant seule avec une femme. La table sur laquelle elle se trouve allongée paraît connectée à un ou deux appareillages légers qui clignotent.

Alors que le contact avec S... s'est momentanément dissous, nous souhaitons demeurer là, disponibles à toute éventualité. Pourtant, au fond de nous-même, quelque chose nous demande de bouger, d'avancer un peu, de franchir un mur, un couloir, une porte.

En un éclair, notre conscience s'est abandonnée sereinement à cette volonté et s'est projetée dans une pièce garnie de petits sièges en cuir noir. Un homme est là, à l'écart de trois autres personnes occupées à bavarder bruyamment. Nous reconnaissons le père de S... baignant dans une aura étonnante de quiétude. Involontairement, comme sur l'aile de quelque courant tournoyant, nous flottons autour de lui. Son être est vide de toute pensée, au seuil d'une réalité toute neuve, disponible à tout. En l'observant ainsi, nous éprouvons une soudaine joie qui nous donne envie de le prendre par les épaules et de lui parler, de lui raconter tout ce que nous avons vécu depuis neuf mois. Comment lui dire que nous aussi nous éprouvons un peu une sensation de métamorphose, presque comme si nous étions responsables de quelque chose dans cette naissance qu'il attend ?

Mais, depuis quelques instants, nous ne gouvernons pas nos mouvements. Il y a en nous une volonté qui sait exactement ce qu'il convient de faire et où il nous faut aller. Une nouvelle fois, un souffle nous pousse, il nous fait parcourir le même chemin que précédemment mais en sens inverse. Dans un éclat de lumière, il nous renvoie face à S…

Tout devient si rapide que notre perception du temps paraît n'être faite que de bulles qui explosent les unes après les autres.

Les paupières à demi-closes, le petit corps de notre amie semble ne pas avoir immédiatement perçu notre retour. Nous sentons trop bien que maintenant sa vie est de moins en moins là, à nos côtés, et qu'elle glisse sur un autre versant de l'univers. Peut-être faut-il que nous comprenions désormais que nous jouons les trouble-fête, que notre tâche est achevée et que tout doit s'accomplir sans qu'il y ait à ajouter quoi que ce soit de plus…

« Non… il y a encore tant de choses que j'aimerais vous dire… avant que nous nous séparions. Je voudrais vous raconter l'étrangeté de ce que je vis jusqu'à mon dernier souffle de conscience. Il faut que vous sachiez à quel point, celui qui va sortir du ventre de sa mère s'imagine sombrer lentement au fond d'un lac ou s'engluer dans une gigantesque toile d'araignée. Il faut que vous sachiez combien il faut s'adresser à lui, l'appeler par son nom. Tout autant que mille techniques, c'est cela aussi qui ouvre la porte et qui rend les fers plus légers…

– As-tu à ce point la sensation de pénétrer dans une prison ?

– Oh… pour ma part je l'éprouve moins qu'auparavant mais je sais que pour nombre de ceux qui s'en reviennent consciemment, cette perception domine longtemps.

Pourtant, depuis que Maman a ressenti les premiers signes de mon arrivée, ma gorge se serre parfois face à ce que je vis comme les symptômes d'une maladie. Jour après jour ma mémoire se brouille. Il y a déjà des chapitres complets de mon existence dans la lumière qui se sont égarés quelque part au fond de moi. Il y a des visages et des noms qui se sont enfuis à l'autre bout de la galaxie. Parfois, je me dis que c'est horrible et je me sens comme un de vos ordinateurs que l'on déconnecterait heure après heure. Puis l'espoir revient en entendant battre le cœur de Maman, en saisissant au vol le son de sa voix ou en observant subrepticement Papa repeindre la porte de ma chambre. Tant de choses pour moi… là où il me semble encore trop souvent qu'il fait si froid !

Vous savez, je veux tout graver en moi et je veux que vous graviez tout à votre tour afin qu'une grande route soit tracée, pas toute droite ni toute pleine d'un dogme, enfant hybride d'une nouvelle psychologie et d'une spiritualité floue. Une grande route, toute souple, à l'image de l'esprit humain, libre de ses méandres et si parfaitement riche d'amour et de confiance, si pleinement navigable. Une route où l'on peut se parler sans se raconter d'histoires, une route le long de laquelle on sait qu'il n'y a pas trente-six mille vies mais une seule qui traverse tous les paysages. Aujourd'hui il nous manque surtout des ponts, et c'est pour cela que je veux garder toute ma force parce que si nombreux sont ceux qui ont peur de naître.

Peut-être vais-je vous faire sourire… mais en cet instant tandis que maman peine malgré toutes les technologies, il y a une chose, une réalité stupide qui raidit mon âme plus que jamais. C'est la vue de tout un arsenal de biberons et de tétines, de couches molletonnées et de bouillies qui s'élaborent. C'est la certitude révoltante de ne bientôt plus avoir que la liberté d'action d'un tube digestif. Face à cela, il m'arrive parfois dans un mouvement de colère de vouloir tout oublier, radicalement, plus vite encore que je ne le fais.

Faut-il à ce point chuter pour enfin monter ?

Je feins de vous poser cette question mais vous savez bien que j'en connais la réponse. Alors, je vous en prie, voyez dans les pleurs d'un bébé le reflet de cette dualité à laquelle son âme se heurte si souvent. Si vous saviez quel étrange mélange d'engourdissement et d'hyper-lucidité vous tenez dans vos bras, lorsqu'il vous appelle. C'est ce combat intérieur que je prie mon être profond d'estomper le plus possible... Lorsque l'on a bu la lumière pendant tant de temps, comment se persuader qu'il faut à nouveau un estomac pour absorber des bouillies ?

Lorsque tout se brouille et que l'on se sent à la dérive, comprenez que la chaleur des lumières qui surgissent du corps de nos parents devient le point de repère exclusif et absolu, la bouée de sauvetage.

Voyez... je ne serai plus jamais Rebecca et je ne suis pas encore réellement S... comme parfois j'ai cru l'être ces derniers temps. Tout à l'heure, en espérant votre venue, je me disais... "et si je faisais demi-tour, si je refusais de respirer !" Cherchez dans vos replis les plus secrets ; ne pensez-vous pas avoir vécu cela vous aussi, cette sorte de rébellion, ce semi-chantage que l'on aimerait faire à la vie ?

C'est pour cette raison qu'au fond de son cœur il faut caresser l'âme d'un bébé lorsqu'il s'apprête à franchir la porte, parce qu'il ressemble à un vieillard qui, à l'instant du départ, s'accroche encore aux vestiges de son masque d'une vie... »

À ce point précis, S... suspend le flot de ses paroles. Son petit corps dont nous nous efforcions de sentir les contours paraît maintenant se lover davantage. Néanmoins, dans le silence qui s'est installé, quelques mots chuchotés parviennent encore péniblement jusqu'à nous.

« Elle ne souffre plus… injecté je ne sais quelle substance… je ressens ses picotements… »

En quelques secondes, nous comprenons que le contact avec S… est sur le point de nous échapper totalement. En effet, lentement, l'une après l'autre ses mains donnent l'impression de se dissoudre au creux des nôtres.

La soudaine envie de l'appeler ou du moins de lui parler encore nous traverse avec fulgurance, mais non… la sensation poignante d'être dans un sanctuaire nous inonde de toute sa puissance. Nous n'avons besoin de rien d'autre que de silence, de vrai silence, cette sorte de présence dorée dans laquelle tout se joue et où tout devient possible.

Le temps s'écoule et le chapelet de ses minutes s'égrène paisiblement. Autour de nos deux corps qui ne parviennent plus à se situer il n'y a qu'une clarté blanche, vertigineuse, extraordinairement nacrée. Parfois des ombres, des silhouettes imprécises semblent la traverser pour y accomplir quelque rituel secret puis, enfin, s'évaporent.

De temps à autre, le cliquetis d'ustensiles provenant de la salle d'accouchement monte à nouveau jusqu'à nous avec son lot d'images très brèves, d'une précision stupéfiante… puis tout redevient blanc, si blanc que l'on ne sait plus rien supporter d'autre.

Soudain, dans le creuset d'une telle plénitude une sorte de cri strident nous transperce. À moins que ce ne soit le tintement profond et vivant d'un gong… Impossible de le dire ! Il se prolonge en nous, de lui-même et engendre comme une déchirure qui éparpille le voile de la lumière. Tout s'ouvre alors devant nous et nous sommes happés par la salle où nous savons désormais que le Mystère s'achève.

Comment décrire maintenant ce qui se joue devant les yeux de notre âme ? Il y a toujours la même table, toujours les mêmes murs un peu nus, la même jeune femme allongée et les mêmes personnes qui s'affairent autour d'elle avec des gestes mesurés... mais il y a aussi tellement plus ! Derrière eux, tels des veilleurs muets, se tiennent deux grandes présences de Lumière, toutes de douceur et de simplicité. En vérité, elles se soucient peu de ce qui se passe sur la grande table. Leurs visages sont tournés vers un autre point de la pièce, juste un peu plus haut, au-dessus de la jeune femme, exactement là où les yeux de celle-ci, écarquillés, semblent aussi fouiller l'infini, là où le petit corps lumineux de S... attend, nimbé d'une lueur bleutée.

Totalement replié sur lui-même, le front plissé, il paraît dormir d'un sommeil si profond qu'il inspire la plus grande paix. Sous lui, et émanant de lui, une fumerolle de lumière plus vive et toute crépitante flotte et oscille en tous sens comme au gré de quelques invisibles vagues... la corde d'argent !

« S..., avons-nous irrésistiblement envie de lancer dans les airs, nous entends-tu ? Abandonne-toi, il fait beau là où tu viens. Il fait beau dans les cœurs et seul cela compte. »

Le petit corps de la conscience de notre amie n'a pas bougé mais d'un geste lent et d'une merveilleuse précision, les deux grands êtres de Lumière ont tendu les bras dans sa direction. Ils l'ont caressé tel le sculpteur qui tente d'apprivoiser une forme et ils en ont saisi sous lui le ruban de lumière vive. La petite silhouette recroquevillée a sursauté et la voilà maintenant qui s'étire et cherche à se retourner sur elle-même. Dans un silence intérieur où chaque seconde est plénitude, les deux êtres lumineux ont entrepris un patient et délicat massage de cette sorte de cordon ombilical qui continue de flotter sous son corps. Ils l'étirent et jouant avec sa fluidité, paraissent encore le vivifier. Enfin, soudain, en saisissant pleinement l'extrémité qui s'effiloche à la façon d'une vapeur, ils la plonge en un point précis du ventre de la jeune femme, juste sous l'ombilic. Là, leurs mains se livrent à une sorte de danse dans laquelle chaque geste est étudié… Tout est si ordonné !

Devant tant de délicatesse, de savoir-faire et d'amour, nos deux âmes sont restées en retrait dans un angle de la pièce, trop heureuses du privilège qui leur est accordé pour oser rompre d'une quelconque façon le charme de l'instant.

Quels sont donc ces êtres, ces si belles présences qui agissent de la sorte, rivant l'âme à son corps, le temps d'une vie, d'une expérience ? En cette heure magique, peu nous importe à vrai dire. L'amour immense qui s'en dégage, pure senteur d'infini, se suffit à lui-même.

Seules, comme portées par le vent et issues de notre mémoire, quelques paroles de celle qui fut autrefois Rebecca traversent d'elles-mêmes notre esprit.

« Peut-être les verrez-vous, peut-être… À l'heure de sa naissance, chaque âme est épaulée par deux êtres de grande paix. L'un a la force du soleil, l'autre la fluidité de la lune… Ils viennent de je ne sais où, nul n'a pu me le dire. Moi, je les appelle des anges, même si cela prête à sourire car on ne peut comprendre tout ce qu'ils signifient sans les avoir approchés, ne serait-ce qu'une fois. Mes amis ont seulement évoqué l'existence d'un monde où la lumière est limpide comme le diamant, un monde qui est leur demeure et leur source.

La tâche de ces êtres, voyez-vous, est de cheviller la conscience au corps physique à l'heure précise de la naissance. Ce sont les Sages de la Corde d'Argent. Peut-être les verrez-vous… ! »

Dans le silence blanc de la salle d'accouchement, un cri perçant vient soudain de retentir, suivi d'un autre puis d'un autre encore. Alors, au-dessus du ventre de la jeune femme allongée, les poings serrés, apparaît un indescriptible crépitement de lumières irisées qu'un lent tourbillon semble aspirer. C'est la danse étonnante d'un million de minuscules étoiles et cette danse fait songer à un univers qui se forme… fabuleuse symphonie impossible à décrire !

Une autre cascade de cris… et voilà que tout est achevé ou plutôt que tout commence.

Dans le creux des mains d'un homme en longue blouse immaculée, le corps frêle de S… vient de voir le jour. Il se débat et hurle de plus belle, la peau plissée comme celle d'un vieux parchemin. Déjà on le pose sur le ventre de sa mère entre deux paroles et deux sourires qui tissent leur instant de bonheur, tout simple.

Il est semblable à des millions, à des milliards d'autres, cet instant. Pourtant, il est nécessairement unique et chacun voudrait qu'il s'immobilise et perdure.

Silencieux et totalement solitaires dans un angle de la salle, nous cherchons en vain les deux présences de lumière… Il nous semble bien, cette fois que notre tâche s'arrête là. Que pourrions-nous d'ailleurs y ajouter qui soit autre que pure et anachronique considération mentale ? En ces minutes, seul le cœur a droit de cité.

Mais, comme un portail qu'une bourrasque a brutalement poussé, le souffle déterminé d'une voix vient encore caresser les profondeurs de notre être.

« Attendez… Juste encore un peu…

– S… ? Est-ce donc toujours toi ?

– Il fait si froid… Tout est si glacial ! Et ce bruit, tout ce bruit qui m'envahit… Où êtes-vous ? Je ne vous sens plus. Il n'y a que cette grande pièce, ces personnes qui s'agitent et le ventre de maman qui sursaute. Oh… j'ai les yeux fermés mais je vois tout… et si loin à la ronde maintenant… Papa vient, je le sais, il pousse la porte ! Je ne le percevais pas si grand ! Oh, tout est tellement décuplé ici, il me semble être éparpillée aux quatre coins de la pièce. Il faut que je respire, que je pense à chacune de mes inspirations mais c'est un tel poids ! M'entendez-vous ?

Et cette main… C'est la première fois que je la sens, que je devine son poids, sa forme. Elle me donne sa chaleur… C'est de cela dont j'ai besoin ! Est-ce qu'elle le sait ? Je la comprends, je crois que je comprends tout… Pourvu que je me souvienne ! J'étouffe mais pourtant il y a quelque chose de merveilleux ici… Je ne veux pas perdre cet amour !

C'est beau de revenir, de redescendre. Dites-le ! Dites-le bien haut ! Mais, vous savez, je… je crois, je sais, qu'en fait nul ne descend jamais. Je vois un escalier que l'on ne peut que gravir… Alors toujours, toujours nous montons ! Vous le direz, n'est-ce pas ? Ne l'oubliez pas ! »

S… est née le 17 juin dans une ville
de l'ouest des États-Unis.
C'est une brunette pétillante
qui interroge déjà beaucoup ses parents…

Puisse ce livre, selon son souhait,
être un hymne à la Vie ainsi qu'une aide
à ceux qui la perpétuent en ce monde.

DERNIERS OUVRAGES D'ANNE GIVAUDAN

• IMPLANTS & PARASITAGES

Et si on arrêtait d'avoir peur?

Un implant, nommé aussi microchip ou encore transpondeur, est un dispositif introduit dans un corps humain ou animal. De la taille d'un grain de riz, il est facilement implanté sans chirurgie.
Le parasite, quant à lui, vit aux dépens de celui qui l'abrite et souvent en empêche le bon fonctionnement.
L'un comme l'autre peuvent nous faire perdre tout contrôle et libérer ainsi des comportements inadéquats tels des colères et des émotions qui nous submergent.
Et pourtant ces forces hostiles ont leur utilité...
Comment les reconnaître? Les éviter? et surtout comment cesser d'en avoir peur? C'est ce que vous découvrirez dans ce livre qui nous propose un regard différent sur ces parasites du corps et de l'âme qui en fait, loin de nous nuire, nous contraignent à guérir nos failles et à rechercher la force qui est en nous.

• VOYAGER ENTRE LES MONDES

Un voyage astral: pour qui? Pourquoi? Et comment? Quels en sont les dangers et les avantages? Ces questions reviennent souvent.
Anne Givaudan est une auteure connue depuis longtemps pour ses voyages dans les mondes subtils. Elle nous propose dans ce livre ce que jusqu'à présent elle avait toujours refusé: un guide pratique du voyage astral et des clés inédites.
Ceux qui veulent se lancer dans l'aventure, ceux qui ont vécu des expériences pas toujours faciles, ou ont fait de « mauvais voyages », ceux qui ont simplement envie d'en savoir davantage sur cette capacité trouveront ici ce qu'ils recherchent.
"Le moment est venu, dit l'auteure, car le monde est en mutation et de plus en plus nombreux sont ceux qui expérimentent la sortie hors du corps. Afin d'éviter des erreurs et des peurs inutiles et même nocives, je suis prête aujourd'hui à donner tout ce qui peut y aider. ».

• DES AMOURS SINGULIERES

Anne Givaudan, par cet ouvrage, nous amène à contacter ces hommes et ces femmes qui ont la douloureuse sensation que leur âme n'est pas en accord avec leur corps.
En dehors de tout jugement, de tout a priori et de toute classification, elle repousse les limites du connu pour nous plonger dans un monde inconnu. Que se cache-t-il derrière ces visages aux situations souvent tragiques ou culpabilisantes ? C'est ce que nous découvrirons derrière chacune des histoires de vie de ces êtres au parcours extrême.
Il n'est pas question ici de condamner ou de glorifier qui que ce soit, ni quoi que ce soit, mais simplement de découvrir une autre facette méconnue de LA VIE.

• SONS ESSÉNIENS
La guérison par la voix

Ce livret accompagné d'un CD vous permettra de découvrir et d'expérimenter les sons de guérison que les Esséniens chantaient autrefois dans de multiples occasions, que ce soit pour équilibrer un corps, régénérer un organe, purifier un lieu, soigner la planète ou remercier la Nature.
Le Son est un élément essentiel de guérison de l'âme et du corps.
Il peut briser le cristal, guérir un corps physique, il est créateur et en lien avec des entités lumineuses et puissantes.
Les sons que vous entendrez, les exercices ou méditations que vous pratiquerez sont là pour vous permettre de vous ressourcer, de vous libérer des tensions accumulées, d'être en harmonie avec un lieu, de vivre avec davantage de joie et de bonheur… et c'est là un objectif essentiel pour notre nouvelle Terre.

Pour plus d'informations sur les autres livres : http://sois.fr/livres/

CD DE MÉDITATIONS GUIDÉES

• **FORMES-PENSÉES** ***(voix d'A. Givaudan et musique de D. Patriquin)***

Ce CD de sept méditations ouvre les portes de l'auto-guérison des Formes-Pensées qui nous encombrent.

• **VOYAGES VERS SOI** ***(voix d'A. Givaudan et musique de L. Danis)***

Une célébration joyeuse d'un retour à SOI, des retrouvailles où les masques de nos personnalités transitoires peuvent disparaître et laisser place à ce que nous sommes vraiment : des êtres uniques au parcours unique.

• **ALLIANCE GALACTIQUE** ***(voix d'A. Givaudan et musique de S. Human)***

La musique est composée autour de quelques notes entendues lors de rencontres avec les êtres de Vénus. Son objectif est d'ouvrir les cœurs à toute forme de guérison.

• **5e DIMENSION** ***(voix d'A. Givaudan et musique de S. Human)***

Dans ce CD où l'énergie des mots conjointe à celle de la musique apporte une puissante vague de transformation et de guérison, je vous propose simplement de vous laisser porter par la force qui émane de ces paroles.

• **UN AMOUR DE PLANÈTE** ***(musique de S. Human)***

Entretiens intergalactiques à propos de la planète Terre
La planète Terre est à un moment des plus importants de son évolution. Ses habitants vivent en transition entre deux mondes et tout semble chaotique, pourtant, nous ne sommes pas seuls.

• **VOYAGER ENTRE LES MONDES** ***(voix d'A. Givaudan)***

Aujourd'hui le monde est en mutation et de plus en plus de personnes expérimentent la décorporation. Anne Givaudan propose ici une pratique guidée qui facilite la sortie hors du corps dans de bonnes conditions.

STAGES AURA SOIS

Animés par Anne Givaudan et Antoine Achram

• Approche des soins Esséniens.

• Voyage à la rencontre de Soi.

• Naître à la vie et vers un nouveau départ.

• Les Formes-Pensées :
les comprendre et les transformer.

Anne Givaudan et Antoine Achram
ne cautionnent que les thérapeutes
qu'ils ont directement formés pendant 4 ans.

Pour tout renseignement pratique
et le contenu détaillé des stages,
consultez le site **http://sois.fr**
ou envoyez une enveloppe timbrée à :

AURA SOIS FORMATIONS
24580 PLAZAC
Tél : 05 53 51 19 50
aura@sois.fr - http://sois.fr

Imprimé en France par CPI
en mai 2019

Dépôt légal : mai 2019
N° d'impression : 153199